Quick Guide

AF000531

Quick Guides liefern schnell erschließbares, kompaktes und umsetzungsorientiertes Wissen. Leser erhalten mit den Quick Guides verlässliche Fachinformationen, um mitreden, fundiert entscheiden und direkt handeln zu können.

Weitere Bände in der Reihe http://www.springer.com/series/15709

Brigitte Ehmann

Quick Guide Agile Methoden für Personaler

So gelingt der Wandel in die agile Unternehmenskultur

Brigitte Ehmann
Puchheim bei München, Deutschland

Quick Guide
ISBN 978-3-658-27344-6   ISBN 978-3-658-27345-3 (eBook)
https://doi.org/10.1007/978-3-658-27345-3

Die Deutsche Nationalbibliothek verzeichnet diese Publikation in der Deutschen Nationalbibliografie; detaillierte bibliografische Daten sind im Internet über http://dnb.d-nb.de abrufbar.

Springer Gabler
© Springer Fachmedien Wiesbaden GmbH, ein Teil von Springer Nature 2019
Das Werk einschließlich aller seiner Teile ist urheberrechtlich geschützt. Jede Verwertung, die nicht ausdrücklich vom Urheberrechtsgesetz zugelassen ist, bedarf der vorherigen Zustimmung des Verlags. Das gilt insbesondere für Vervielfältigungen, Bearbeitungen, Übersetzungen, Mikroverfilmungen und die Einspeicherung und Verarbeitung in elektronischen Systemen.
Die Wiedergabe von allgemein beschreibenden Bezeichnungen, Marken, Unternehmensnamen etc. in diesem Werk bedeutet nicht, dass diese frei durch jedermann benutzt werden dürfen. Die Berechtigung zur Benutzung unterliegt, auch ohne gesonderten Hinweis hierzu, den Regeln des Markenrechts. Die Rechte des jeweiligen Zeicheninhabers sind zu beachten.
Der Verlag, die Autoren und die Herausgeber gehen davon aus, dass die Angaben und Informationen in diesem Werk zum Zeitpunkt der Veröffentlichung vollständig und korrekt sind. Weder der Verlag, noch die Autoren oder die Herausgeber übernehmen, ausdrücklich oder implizit, Gewähr für den Inhalt des Werkes, etwaige Fehler oder Äußerungen. Der Verlag bleibt im Hinblick auf geografische Zuordnungen und Gebietsbezeichnungen in veröffentlichten Karten und Institutionsadressen neutral.

Springer Gabler ist ein Imprint der eingetragenen Gesellschaft Springer Fachmedien Wiesbaden GmbH und ist ein Teil von Springer Nature.
Die Anschrift der Gesellschaft ist: Abraham-Lincoln-Str. 46, 65189 Wiesbaden, Germany

Vorwort

In meiner früheren Tätigkeit als Personalleiterin bei ProSiebenSat.1 und auch heute als freie Trainerin traf bzw. treffe ich immer wieder auf Personalvorstände und hochqualifizierte HR-Macher, die von der Begriffsvielfalt rund um agiles Arbeiten verwirrt sind. Oft werde ich gefragt: „Was genau steckt eigentlich hinter diesen agilen Methoden ... und was haben wir in unserem Konzern davon sie anzuwenden? Was funktioniert wofür? Braucht es dafür eine spezielle Unternehmenskultur? Muss sich auch Führung für agiles Arbeiten ändern? Und wie bringe ich dieses Konzept erfolgreich für mein Unternehmen auf den Weg?"

Agile Arbeitsweisen sind heutzutage unverzichtbar für moderne Personalarbeit. Agilität ist zunächst einmal eine Haltung, entstanden aus unserer aktuellen Arbeitssituation, dem Leben in der „VUCA-Welt". VUCA steht für „*v*olatil", „*u*ncertain", „*c*omplex" und „*a*mbigious" ... und damit für erhöhte Unbeständigkeit, zunehmende Unsicherheit, erhöhte Komplexität und gesteigerte Mehrdeutigkeit. Dieser Zustand ist gepaart mit gestiegener Geschwindigkeit und dem Effekt der abnehmenden Vorhersehbarkeit.

▶ Christa Stienen, Chief Human Resources Officer DB Schenker Cluster Germany and Switzerland, konstatiert hierzu: „Die Anforderungen unserer Kunden ändern sich ständig, darauf abgestimmt passen wir kontinuierlich unser Angebot an. Für den HR-Bereich bedeutet das, Geschwindigkeit aufzunehmen und kundenfokussiert neue Produkte und Dienstleistungen zu entwickeln."

Hinzu kommt die Digitalisierung zahlreicher HR-Dienstleistungen und Produkte, z. B. elektronische Personalakten, Chatbots für Mitarbeiteranfragen, automatisierte Workflows für Talententwicklung, virtuelle Schulungsräume, E-Learning-Tools.

Alle diese Neuerungen sorgen zum einen für Vereinfachung, zum anderen aber auch häufig für Mehraufwand und bringen zahlreiche zeitraubende Rückfragen mit sich. Oftmals ist die IT-Abteilung aufgrund von zahlreichen, parallel laufenden Digitalisierungsprojekten im Gesamtunternehmen eine Engstelle. Hinzu kommt: Auch in der nichtdigitalisierten Welt gibt es bei Prozessen häufig Verbesserungsbedarf, dieser wird (hoffentlich) bereits *vor* der Digitalisierung erkannt. Denn: Ein Sch ... prozess bleibt auch dann ein Sch ... prozess, wenn er voll digitalisiert ist.

Inzwischen ist die Digitalisierung in vielen Unternehmen und Personalabteilungen bereits zu einem hohen Grad umgesetzt. Komplette Branchen, wie z. B. Banken, Versicherungen, der Einzelhandel und auch die Medienbranche, haben sich dadurch diametral verändert. Digitalisierung lässt sich nirgends mehr zurückdrehen, im Gegenteil: Sie wird sich weiter entwickeln und an Einfluss auf unser tägliches Leben gewinnen. Für mich steht klar fest: Die Vorteile der Digitalisierung überwiegen die Nachteile bei Weitem. Automatisch verbunden ist damit auch eine neue „Art" des Arbeitens, mit der sich jedes Unternehmen beschäftigen muss, will es weiterhin erfolgreich am Markt bestehen und sich zukunftsorientiert aufstellen.

Kreativ-flexiblere, ökonomischere, eben agile Methoden, sind *die* Arbeitsweise der Zukunft – sie sind gekennzeichnet durch die Erkenntnis, dass nur die enge Zusammenarbeit mit dem Kunden bzw. Auftraggeber zum Erfolg führt und dass in dieser Zusammenarbeit Abweichungen vom Plan, sogenannte iterative Schleifen, eher die Regel als die Ausnahme sind. Neue Erfahrungen im Projekt führen so zu einer unmittelbaren Anpassung der nächsten Schritte.

Auch wenn Veränderungen immer den Sprung aus der gewohnten Komfortzone bedeuten, so sehen immer mehr – auch kleinere und mittelständische – Unternehmen, dass sie nicht nur auf marktpolitische Veränderung *re*agieren müssen, sondern dass es viel sinnvoller ist, *pro*aktiv zu *agieren,* sprich: den Change mit agilen Arbeitsweisen effektiv und effizient zu gestalten. Die vorgelebte Überzeugung des Managements, eine entsprechende Haltung der Mitarbeiter sowie Mut und eine gute Portion Hartnäckigkeit sind dabei unabdingbar, um einen echten Mehrwert zu generieren. Wie dies speziell im HR-Management Ihres Unternehmens gelingen kann und welche Rahmenbedingungen hierfür erforderlich sind, zeige ich in diesem Buch anhand zahlreicher Praxisbeispiele – die zugleich als Anleitungen genommen werden können –, basierend auf meiner langjährigen praktischen Erfahrung im HR-Management sowie als Trainerin bei DAX-Unternehmen und mittelständischen Organisationen. Zum einen geht es dabei um die Rolle, die HR bei der Umgestaltung hin zu einer agilen Organisation spielen kann. Zum anderen soll dargestellt werden, wie die neue Agilität die HR-Arbeit selbst verändern kann und soll.

Erwarten Sie keine tiefschürfenden Theorieabhandlungen von diesem Buch – es versteht sich ganz bewusst nicht als wissenschaftliche Abhandlung, der Fokus liegt klar auf dem hohen Praxisbezug, der in der wissenschaftlichen Literatur leider oftmals zu kurz kommt.

München Brigitte Ehmann
im November 2019

Inhaltsverzeichnis

1 Digital Leadership – wie sich Führung in der agilen Welt ändert 1
   1.1 Warum überhaupt agil arbeiten? 2
   1.2 Agil heißt nicht „ad hoc" 6
   1.3 Vom klassischen Chef zum Agile Coach 8
   1.4 OKRs – Führen mit Zielen: „bottom up" und „top down" 13
   1.5 Kollegiale Führung: Wenn der Chef im Team „durchwechselt" 17
   Literatur. 19

2 Diese agilen Methoden gibt es – und was sie bewirken 21
   2.1 Design Thinking. 21
   2.2 Business Model Canvas 32
   2.3 Lean-Start-up 36
   2.4 Scrum. 37
   2.5 Kanban. 40
   Literatur. 42

3 Der Mitarbeiter der Zukunft – fachliche und persönliche Kompetenzen 43
   3.1 Recruiting im agilen Kontext............................. 44
   3.2 „T-shaped-Individuum": Experte und Generalist zugleich 51
   3.3 Mehr Selbstverantwortung: Vom Geführt-Werden zum Sich-selber-Führen. 54
   3.4 „Hire for attitude, train for skills!" – Lebenslanges Lernen als Erfolgskriterium. 59
   Literatur. 62

4 Der echte Mehrwert agilen Arbeitens für Ihr Unternehmen 63
4.1 Der Mitarbeiter-Lifecycle: Hier greift agiles Arbeiten im HR-Management 64
4.2 Tagtäglich im Team schneller zu Ergebnissen kommen – so funktioniert's! 66
4.3 „Disrupt yourself before you get disrupted!" – Innovation als „Überlebensversicherung" 68
4.4 „Vision without execution is just hallucination!" – Vom Kennen ins Können ins Konkrete. 70
Literatur. 73

5 Von der klassischen zur agilen Unternehmenskultur 75
5.1 Die drei Eckpfeiler: Vertrauen, Mut, Wille zur Veränderung. 75
5.2 Kickertisch & Co. reichen nicht – Was die agile Arbeitsumgebung wirksam befeuert!. 81
5.3 „Fail fast, fail cheap!" – Fehlerkultur fördern 84
5.4 „Wer A sagt, muss nicht B sagen!" ... auch mal unbequeme Entscheidungen treffen. 87
5.5 Hierarchien ade! – Feedback, Flexibilität, Fantasie. 89
Literatur. 94

6 Zusammenfassung: 10 Mythen agiler Arbeitsweisen 95

Über die Autorin

Brigitte Ehmann ist ausgewiesene Expertin für HR-Themen und agile Veränderung.

Sie hat mehr als 25 Jahre Berufserfahrung aus internationalen Wirtschaftsunternehmen. Sie coacht Vorstände und Führungskräfte und navigiert durch komplexe Veränderungsprozesse von der klassischen in die digitale Unternehmenswelt. Brigitte Ehmann weiß, wie Firmen und das Management ticken, kennt Agenden und Strategien.

Über 17 Jahre war sie bei der ProSieben-Sat.1-Gruppe, zuletzt als Senior Vice President HR. Sie war in verschiedenen HR-Positionen tätig, unter anderem als Personalleiterin für die Vorstandsbereiche Sales und Digital DACH (über 1000 Mitarbeiter). Sie begleitete aktiv den Wandel vom klassischen TV-Unternehmen zum Digitalen Entertainment Power House und damit auch den mehrfachen Umbau des Unternehmens und des eigenen HR-Bereichs.

Zuvor war sie bei Novartis-Pharma, der Schweizer Mövenpick-Gruppe und bei British Airways tätig.

Brigitte Ehmann ist selbstständige Trainerin, Beraterin, Moderatorin und Autorin sowie zertifizierter systemischer Business Coach und ausgebildete Agile-Change-Trainerin.

Sie ist in Nordrhein-Westfalen aufgewachsen, hat in Görlitz/Sachsen gelebt und in München Betriebswirtschaft studiert. Sie ist leidenschaftliche Personalerin und ambitionierte Triathletin.

Seit 1995 lebt und arbeitet sie in München, sie ist verheiratet und hat einen Sohn.

Weitere Informationen unter: www.brigitte-ehmann.com

Digital Leadership – wie sich Führung in der agilen Welt ändert

1

Was Sie aus diesem Kapitel mitnehmen

- Weshalb in der VUCA-Welt agile Arbeitsweisen besser funktionieren
- Wie kollegiale Führung in heterogenen Teams gelingen kann
- Wie HR durch die Verankerung agiler Prinzipien messbar zum Unternehmenserfolg beiträgt
- Wie sich mit OKRs Ziele definieren lassen und wie HR dabei wirksam unterstützt

> *„In dir muss brennen, was du in anderen entzünden willst."*
> Augustinus von Hippo,
> Lateinischer Kirchenlehrer (354–430)

Von oben, also vom Topmanagement herab verordnete Veränderung wird nur schwerlich funktionieren, solange Führungskräfte und Mitarbeiter das Gefühl haben, dass sie lediglich Objekte (oder gar Opfer) von Erwartungen, Maßnahmen, Zielen oder Vorstellungen anderer sind. Die Kernherausforderung eines jeden beruflichen Transformationsvorhabens besteht daher darin, *Haltungen zu verändern*. Grundvoraussetzung hierfür ist, dass sich jeder selbst als Subjekt bzw. (Mit-)Gestalter erleben kann bzw. darf.

Digital Leadership bedeutet in erster Linie: Hierarchien konsequent abschaffen! Der Chef ist nicht mehr der einsame Entscheider und Anführer, sondern wird zum Dienstleister für sein Team.

Der rasante Wandel unserer Zeit stellt traditionell organisierte Unternehmen vor große Herausforderungen. Ein Blick auf die 10 TOP-Trends 2019 zeigt, dass die Digitalisierung in all ihren Facetten die HR-Abteilungen mehr denn je beschäftigen wird.

Nach meiner Erfahrung sind Personalabteilungen häufig nicht flexibel genug, um den permanenten Wandel erfolgreich zu managen. Natürlich reicht alleine die reine *Einführung* agiler Arbeitsweisen – etwa mit neugeschaffenen Scrum-Projekt-Teams und dem täglichen Durchführen sogenannter Standup-Meetings – keineswegs aus, um die erforderliche Flexibilität zu gewährleisten. Entscheidend ist die *grundsätzliche Verankerung* agiler Prinzipien in der Gesamtorganisation, vor allem auch in Personalprozessen, etwa in Führungsmodellen oder im Performance-Management.

1.1 Warum überhaupt agil arbeiten?

Wenn Sie als HR-Verantwortliche/r mit dem Gedanken spielen, agile Methoden in Ihrem Unternehmen einzuführen, ist es unverzichtbar, von Beginn an immer wieder glasklar den Mehrwert dieser Arbeitsweise transparent zu machen, sehr viel bzw. strategisch zielführend zu kommunizieren und vor allem das obere Management an schnellen Erfolgen teilhaben zu lassen.

Was aber ist der Mehrwert? Agilität steht für hohe Geschwindigkeit, ständiges Anpassen und eigenverantwortliches Handeln. In der schnellen VUCA-Welt, in der sich Geschäftsmodelle in immer kürzeren Zyklen ändern bzw. adaptiert werden müssen, um markt- bzw. wettbewerbsfähig zu sein, kann das Management nicht mehr alle Fäden alleine in der Hand halten und den kompletten Überblick behalten. Hier kommen nun agile Arbeitsweisen zum Tragen; deren Grundprinzip ist es, Verantwortung nicht mehr beim Chef zu belassen, sondern bewusst Teams zuordnen, weil diese tiefer in Themen drin sind und im Zweifel mehr Fachwissen zu Spezialthemen haben – was Chefs aufgrund der Fülle und Komplexität nicht mehr gewährleisten können. Demzufolge wird es zur Aufgabe von *Teams* – und zur Aufgabe jedes einzelnen Mitarbeiters –, Dienstleistungen und Produkte weiterzuentwickeln, anzupassen, zu verändern.

VUCA steht als Akronym für die Rahmenbedingungen einer schnelllebigen, sich ständig verändernden Arbeitswelt: Volatility (=Flüchtigkeit), Uncertainty (=Unsicherheit), Complexity (=Komplexität), Ambiguity (=Mehrdeutigkeit) (s. Abb. 1.1).

Im Gegensatz zu einer traditionellen Sichtweise auf Veränderung, die durch einen klaren Start- und Endpunkt gekennzeichnet ist, ist in der VUCA-Welt die

1.1 Warum überhaupt agil arbeiten?

Abb. 1.1 VUCA-Welt

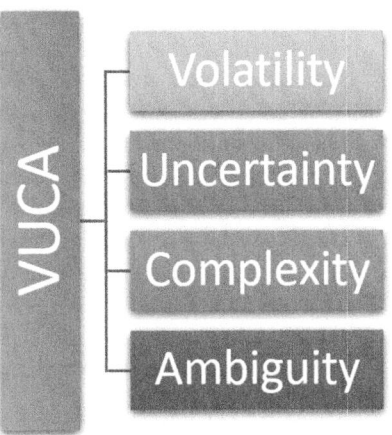

Veränderung Bestandteil der „täglichen Routine". Häufig müssen deshalb drei Zustände gleichzeitig betrachtet werden: [1]

- Wie arbeite ich heute?
- Wie gestalte ich Zukunft?
- Wie gestalte ich Veränderung?

Es lässt sich festhalten: Change ist – egal in welcher Branche – in der aktuellen Arbeitswelt vielfach der Normalmodus.

▷ Felicitas von Kyaw, Vice President People/Geschäftsführerin Personal und Arbeitsdirektorin bei Coca-Cola European Partners Deutschland GmbH, sagt hierzu: „Change ist heute keine Ausnahmeerscheinung, sondern Dauerzustand. Die Veränderungs- und Anpassungsfähigkeit von Unternehmen in sogenannten VUCA-Zeiten ist eine strategische Kernkompetenz geworden – Stichwort agile Organisation bzw. Agilität. Drei Aspekte der Agilität sind wesentlich: erstens Haltungen und Werte, zweitens Prinzipien und drittens Praktiken. Alles muss zusammenspielen; dennoch ist und bleibt es ein ‚Work-in-progress'-Unterfangen. Man ist nie wirklich fertig mit der Veränderung."

Insbesondere Innovationsprozesse „leben" also unverzichtbar von agilen Arbeitsweisen.

▶ Für standardisierte Routineaufgaben und festgelegte Abläufe funktioniert klassisches Prozessmanagement nach wie vor, weiß Kirsten Muxel, Head of HR Operations & HR Legal bei HUGO BOSS AG: „Während klassische Arbeitsweisen im prozess- und produktionsgesteuerten Umfeld nach wie vor absolut passend sind, braucht es für Innovationsprozesse agile Arbeitsweisen. Wir bewegen uns in der heutigen Zeit im Spannungsfeld zwischen klassischen und agilen Arbeitsmethoden. Für jedes Unternehmen ist es erfolgskritisch, seine Produkte kontinuierlich zu hinterfragen und zu optimieren."

Sechs charakteristische Merkmale agiler Arbeitsweisen für Führung

1. Heterogene Teams aus verschiedenen Arbeitsdisziplinen werden projektbezogen zusammengestellt. Nach Projektende wird innerhalb des Teams zusammen mit dem Management entschieden (und nicht vom Chef!), ob das bestehende Team in gleicher Konstellation ins nächste Projekt geht oder ob es sinnvollerweise eine neue Zusammensetzung erfordert.
2. Jedes Teammitglied nimmt eine klar definierte Rolle im jeweiligen Projekt ein – idealerweise eine solche, in der es seine individuellen Stärken besonders einbringen kann.
3. Rollen können je nach Projekt durchwechseln, das heißt, wer heute Projektleader ist, kann im nächsten Projekt wieder „normaler" Projektmanager sein, ohne dass dies als Degradierung empfunden wird (weil es eben normal ist!) – und umgekehrt.
4. Die Arbeitsweise im Projektteam folgt festgelegten Regeln zum Ablauf, zum Zeitplan, zu Rollen und Verantwortlichkeiten – der eine disziplinarische Chef wird dadurch überflüssig.
5. Brainstormings finden während der Dauer eines Projekts mehrfach statt (siehe Brainstorming-Regeln Abschn. 1.5).
6. Führung „passiert" in einem Projektteam im Austausch der Teammitglieder mit dem jeweiligen Projektleader.

Zwei Unternehmen werden in diesem Zusammenhang immer wieder als Best-Practise-Beispiele genannt: *Spotify* (siehe hierzu Abschn. 1.3) und *Buurtzorg*. Letzterer ist der größte Pflegeanbieter in den Niederlanden und zeichnet sich vor allem dadurch aus, dass mit möglichst geringem Verwaltungsaufwand so viel wie möglich am Patienten gearbeitet wird.

1.1 Warum überhaupt agil arbeiten?

> Rund 14.000 Pflegekräfte wirken dort weitgehend autonom in kleinen, unabhängigen Teams, bestehend aus maximal zwölf Kollegen. Es gibt dort keine Chefs, keine Hierarchien – aber Unterstützung, falls erforderlich.

Agile Arbeitsweisen folgen bestimmten Regeln, den sogenannten „12 Agile Principles"; diese stammen ursprünglich aus dem Bereich der Software-Entwicklung (wie auch der gesamte Gedanke der agilen Arbeitsweise). Höchste Priorität des von 17 Softwareexperten unter der Führung von Jeff Sutherland entwickelten „Agilen Manifestes" von 2001 war es, stark kundenzentriert vorzugehen. Folgende vier Werte waren bei der Formulierung der Prinzipien essenziell [2]:

- Individuum und Interaktion sind wichtiger als Prozesse und Werkzeuge.
- Funktionierende Software ist wichtiger als umfassende Dokumentation.
- Zusammenarbeit mit dem Kunden ist wichtiger als Vertragsverhandlung.
- Reagieren auf Veränderung ist wichtiger als das Befolgen eines Planes.

Aus diesen Leitlinien wurden konkrete Handlungsgrundsätze abgeleitet, von denen die meisten stark auf die Softwareentwicklung zugeschnitten waren. Hier möchte ich speziell auf diejenigen eingehen, die für die HR-Arbeit wichtig sind – und sie entsprechend übertragen:

- Die besten (Software-)Architekturen, Leistungen und Ideen entstehen in selbstorganisierten heterogenen Teams.
- Selbstreflexion der Teams zur Anpassung im Hinblick auf Steigerung von Effektivität ist essenziell.
- Jede HR-Aktion orientiert sich primär an Kundenbedürfnissen und -zufriedenheit (kontinuierliche, proaktive Entwicklung und Begleitung).
- (Nahezu) tägliche Zusammenarbeit mit Generalisten und Fachexperten aus verschiedenen Bereichen ist unumgänglich.
- HR stellt das entsprechende Umfeld bereit und leistet diejenige Unterstützung, welche zur Aufgabenerfüllung benötigt wird.
- Generell: So viel persönliche Kommunikation und Visibilität wie möglich!

▶ **Die 7 wichtigsten Vorteile von Agilität auf einen Blick**

1. Wechselnde Prioritäten besser managen
2. Gesteigerte Produktivität
3. Produkte und Dienstleistungen schneller entwickeln und ausliefern

4. Verbesserte Übersicht über Projekte
5. Geringere Projektkosten
6. Gesteigerte Teammoral
7. Verbesserte Kooperation mit der IT-Abteilung

1.2 Agil heißt nicht „ad hoc"

Als Trainerin und Coach höre ich in Unternehmen, die gerade die ersten Schritte in agile Arbeitsweisen machen, häufig den flotten Spruch: „Das machen wir jetzt mal alles ganz agil!" – Manchmal ist diese Bemerkung begleitet von schallendem Lachen, verschwörerischem Augenzwinkern und einem sichtlichen Spaß an dem Gedanken, aus den sonst bis ins Detail geregelten Workflows sowie hierarchischen Strukturen auszubrechen. Hier liegt jedoch ein grobes Missverständnis zugrunde: Viele Führungskräfte und Personalverantwortliche verbinden mit dem Begriff „agil" fälschlicherweise eine Arbeitsweise, die durch ausschließliche Spontaneität, Ungeplantheit und totale Improvisation gekennzeichnet ist – „ad hoc" eben.

Keines dieser genannten Attribute charakterisiert jedoch wirklich „agiles Arbeiten". Sämtliche agilen Methoden – von Design Thinking über Business Modell Canvas bis hin zu Lean Start-up, Scrum und Kanban (siehe Kap. 2) – folgen stets klar definierten Abläufen. Durch den Einsatz agiler Methoden kann Ihr Team grundsätzlich flexibler werden. Agilität „lebt" von fokussierender Priorisierung und permanenter Teamkommunikation. Dabei wird so kooperiert, dass möglichst kein Teammitglied überfordert ist oder Engpässe für das Team als Ganzes entstehen – Motto: Die Kunst des Weglassens (es wird eben nicht alles gemacht!). Allerdings ist all dies kein Automatismus, sondern ein Prozess, der den unbedingten Willen zur Veränderung voraussetzt.

Wichtig zu verstehen ist: „agil" heißt flexibel, proaktiv, antizipativ und initiativ vorzugehen und – darauf aufbauend – mutig notwendige Veränderungen einzuführen. Worum es jedenfalls *nicht* geht: Dauerimprovisation oder gar jeglicher Verzicht auf Struktur und Planung. Wer gerne vorzugsweise ad hoc arbeiten möchte, weil er Spontaneität liebt und dauerhaft improvisatorisch agieren will, wird mit den oben genannten agilen Methoden garantiert nicht seine bevorzugte Arbeitsweise finden.

Wie agiles Arbeiten ebenfalls nicht funktionieren kann, zeigt das folgende Beispiel.

1.2 Agil heißt nicht „ad hoc"

> **Praxisbeispiel (wie es eben nicht funktioniert!)**
>
> Vor kurzem kontaktierte mich der Eigentümer einer Münchener Steuerkanzlei und Wirtschaftsprüfungsgesellschaft mit etwa 50 Mitarbeitern (ca. die Hälfte Steuerberater, davon sieben zugleich Wirtschaftsprüfer; nochmal in etwa die gleiche Anzahl an Assistenzkräften) – dieser war auf einem Fachkongress in Berlin zum Thema „New Work" gewesen. Schon lange war er der Meinung, dass in seinem Unternehmen nicht effizient genug gearbeitet würde. Alles ging zu langsam, aus seiner Sicht waren viele Abläufe zu kompliziert und nicht mehr zeitgemäß. Außerdem wollte er Entscheidungen mehr aus dem Team heraus herbeiführen und nicht mehr so stark an seine Person knüpfen, da er an Überarbeitung litt und von seiner 70-Stunden-Woche runterkommen wollte. Auf der Fachtagung hatte er nun mehrere Vorträge zu agilen Arbeitsweisen gehört und daran großen Gefallen gefunden. Aus seiner Sicht war das die Lösung für all seine Probleme.
>
> Den Auftrag bzw. seine Zielvorstellung an mich formulierte er im persönlichen Gespräch folgendermaßen: „Führen Sie in meiner Kanzlei schnellstmöglich agile Arbeitsweisen ein, steigern Sie damit die Produktivität und verringern Sie meine persönliche Arbeitsbelastung!"
>
> Zunächst befragte ich ihn zu der von ihm geprägten Unternehmenskultur. Er selbst hatte die Firma vor ca. 20 Jahren gegründet, seine Tochter sollte ursprünglich die Gesellschaft in einigen Jahren übernehmen, dies hatte sich jedoch zerschlagen.
>
> Ich erstellte eine Analyse zum „Cultural Fit" der Kanzlei mit agilen Arbeitsweisen, indem ich die unternehmerischen Werte und Glaubenssätze des Eigentümers eruierte. Dabei stellte sich heraus, dass ihm trotz gewisser Vorsätze sehr an traditionellem-autoritärem Führungsverhalten gelegen war und er nicht gewillt war, wirklich zu delegieren und Verantwortung abzugeben (und damit mögliche Fehler anderer zuzulassen!). Zudem hatte er weder verinnerlicht, wie agile Arbeitsweisen für sich genommen funktionieren, noch war er wirklich willens, sich darauf einzulassen und ein entsprechendes Mindset – sprich: Haltungen wie Offenheit, Feedbackkultur und Fehlerkultur – nachhaltig zu implementieren. Er sah sich selbst weiterhin als alleinigen Bestimmer und Entscheider in seinem Unternehmen, kurz: Er wollte nicht loslassen. Als ich ihm die notwendigen tief greifenden Veränderungen, vor allem in seinem eigenen Denken und Handeln, verdeutlichte, entschied er sich dafür, das bestehende Business- bzw. Führungsmodell beizubehalten und zu seiner Entlastung eine/n persönliche/n Assistent/in zu rekrutieren.

Agile Arbeitsweisen wurden nicht eingeführt, da er das Thema halbherzig anging und nicht bereit war, seine eigene Haltung und sein Handeln, sprich: die von ihm geprägte Kultur, zu verändern. Hierzu passt gut der häufig zitierte Aphorismus „Culture eats strategy for breakfast", der dem legendären US-amerikanischen Topökonomen Peter Ferdinand Drucker (1909–2005) zugeschrieben wird (und unter Personalern als geflügeltes Wort gilt).

Wie anhand dieses Beispiels deutlich wurde, passt agiles Arbeiten nicht für jeden Chef und nicht für jede Firma. Daneben gibt es noch weitere Hindernisse auf dem Weg zur agilen Transformation.

▶ **Hier die 5 wichtigsten Agilitätshindernisse auf einen Blick**

1. Die Unternehmenskultur unterstützt agile Werte und Prinzipien nicht.
2. Genereller interner Widerstand gegen Veränderung
3. Nicht vorhandene Unterstützung durch die Führungskräfte
4. Fehlende Erfahrung und fehlende Schulung der Mitarbeiter
5. Parallel existierende klassische und agile Entwicklungsmethoden (passen nicht zusammen!)

Wie es besser klappen kann und welche Rahmenbedingungen es braucht, zeige ich anhand weiterer Praxisbeispiele in den folgenden Kapiteln.

1.3 Vom klassischen Chef zum Agile Coach

Aktuelle Studien ergeben weiterhin, wie schon seit vielen Jahren, folgendes Bild: 80 % der Mitarbeiter verlassen nicht das Unternehmen, sondern ihren Vorgesetzten. Entscheidend für die Zugehörigkeit zu einem Unternehmen ist in erster Linie der psychologische Vertrag, der die Zusammenarbeit untereinander regelt und auf Vertrauen und gegenseitiger Wertschätzung basiert ... und gar nicht so sehr der schriftlich fixierte Kontrakt in der Schreibtischschublade [3].

Die Führungskraft ist in der Regel die wichtigste Person im Berufsleben. Wegen ihr geht oder bleibt *man*. Laut einer Untersuchung des Instituts der Deutschen Wirtschaft fehlen schon jetzt in Deutschland fast eine halbe Million Fachkräfte [4]. Im Jahre 2025 werden es nach einer Untersuchung des Beratungsunternehmens Prognos im Auftrag der Vereinigung der Bayerischen Wirtschaft (VBW) knapp drei Millionen sein [5]. Alle diese Phänomene bringen es unweigerlich mit sich, dass auch in der Führung neue Wege gegangen werden müssen – einerseits, um gute Arbeitskräfte zu halten, andererseits, um neue qualifizierte Mitarbeiter zu gewinnen. Denn zeitgemäße, an Mitarbeiterbedürfnissen

1.3 Vom klassischen Chef zum Agile Coach

orientierte Führungsqualitäten sprechen sich jenseits von mittlerweile inflationär verbreiteten Arbeitgeberrankings mehr denn je herum.

Zum Chef-Mitarbeiter-Verhältnis: In agilen Organisationen richten sich Mitarbeiter in einem vorgegebenen Kodex weitgehend selbstständig aus. Die Führungskraft versteht sich – im Gegensatz zu anderen Varianten – lediglich als Coach, Mentor, Facilitator. Er sorgt dafür, dass jeder Mitarbeiter fokussiert an seinem Thema arbeiten kann, nicht abgelenkt wird und von administrativen Anforderungen (z. B. Listen befüllen, „Datenfriedhöfe" pflegen, an unzähligen, langatmigen Meetings teilnehmen) weitgehend freigehalten wird. Hinzu kommt das allgemeine Phänomen, dass Mitarbeiter einerseits nach Freiheitsgraden verlangen, andererseits geführt werden wollen.

▶ Frank Kohl-Boas, Leiter Personal & Recht bei der ZEIT-Verlagsgruppe, stellt hierzu treffend fest: „In Zeiten, in denen Informationen, Komplexitäten und Ambiguitäten teilweise exponentiell zunehmen, braucht es für den wirtschaftlichen Erfolg mehr denn je motivierte, befähigte und mit Befugnissen ausgestattete Mitarbeiter, die in diesem Umfeld agieren können. Dazu bedarf es Führungskräfte, die sich mit einem agilen Führungsstil vor allem als Coach, Ressourcenbeschaffer und Orientierungsgeber verstehen. Das ist Privileg und Herausforderung zugleich."

In zahlreichen von mir betreuten Praxisprojekten konnte ich selbst immer wieder beobachten, dass dieses Führungsmodell nach anfänglichem „Ruckeln" einen höheren Output und außerdem noch mehr Spaß an der Arbeit garantiert – dabei ist es völlig egal, ob es sich um kleine, mittelständige und große Unternehmen handelt. Grundsätzlich gilt: Führung wird anders ... und anspruchsvoller. Für denjenigen, der über Jahrzehnte eine Demand-and-Control-Kultur gewohnt war, wird Führung darüber hinaus in jedem Fall anspruchsvoller, weil er seine bisher gewohnte Komfortzone verlassen und stark in den Dialog eintreten muss – dies ist definitiv nicht jedermanns Sache. Größtes Hindernis für Digital Leadership ist (und bleibt) traditionell-klassisches Leadership!

Von der klassischen zur agilen Führung
Ein Zitat mag verdeutlichen, wie klassische Führung funktioniert: „Wir wollen einen Fluss überqueren, also lasst uns eine Brücke bauen!" – Hier wird mit einer klaren Ansage sowie einem konkreten Auftrag geführt. Der Bau der Brücke wird ab jetzt von der Führungskraft genauestens beobachtet (= Demand-and-Control-Manier) (Tab. 1.1).

Tab. 1.1 Von der klassischen zur agilen Führung

Autoritäre Führung	Klassische Führung	Agile Führung
Führungskraft entscheidet alles allein	Führungskraft gibt Ziele und Handlungsparameter vor, Mitarbeiter handeln im abgesteckten Rahmen weitgehend selbstständig	Mitarbeiter organisieren sich in einem vorgegebenen Kodex selbst; Führungskraft ist Coach, Mentor, Facilitator (sorgt dafür, dass jeder fokussiert an seinem Thema arbeiten kann)
Autoritär	Kooperativ-zielorientiert	Selbstorganisiert-autonom
Personenzentriert	Personen- und rollengebunden	Rollengebunden

Ein agiler Coach hingegen wird fragen: „**Wie** können wir es schaffen, den Fluss zu überqueren?"

Die Grundidee im zweiten Fall: ergebnisoffene, gemeinsame Lösungsfindung im Teamprojekt bei gegenseitiger kollegialer Wertschätzung! Die kollektive Kreativintelligenz der (idealerweise heterogenen) Gruppe wird genutzt, um die bewusst offene Aufgabenstellung zu bewältigen. Diesem Ansatz liegt die (wissenschaftlich fundierte) Erkenntnis zugrunde, dass heterogene Teams mit unterschiedlichen Kompetenzen fast immer erfolgreich sind, weil jedes Gruppenmitglied seine individuellen Stärken zielführend einbringen kann [6] – die Lösung für die Problemstellung könnte somit theoretisch auch ein Tunnelbau oder ein Überflugmanöver mit einer Personendrohne sein.

▶ Juliane Grauer, Manager Equal Opportunity bei Deutsche Lufthansa, stellt zum Thema Heterogenität fest: „Innovation ist für jedes Unternehmen von großer Bedeutung, um weiterhin wettbewerbsfähig zu sein. Gerade in kreativen agilen Prozessen hat sich Vielfalt in der Zusammensetzung von Arbeitsgruppen bewährt."

Praxisbeispiel

Die weltweit agierende Musik- und Podcaststreamingplattform *Spotify*, die 2006 aus dem schwedischen Start-up-Unternehmen Spotify AB hervorging und inzwischen 207 Mio. aktive Nutzer in 80 Ländern aufweist, wird häufig als sogenannter First Mover in Sachen agiler Führung bezeichnet. Die Nordländer wagten das Experiment, nicht autoritär von oben herab zu führen, sondern ihre Organisation in „Squads" zu unterteilen, die gleichzeitig und gleichberechtigt agierten und an unterschiedlichen Segmenten (Marketing, Vertrieb etc.) der Plattform arbeiteten (siehe hierzu Abb. 1.2).

1.3 Vom klassischen Chef zum Agile Coach

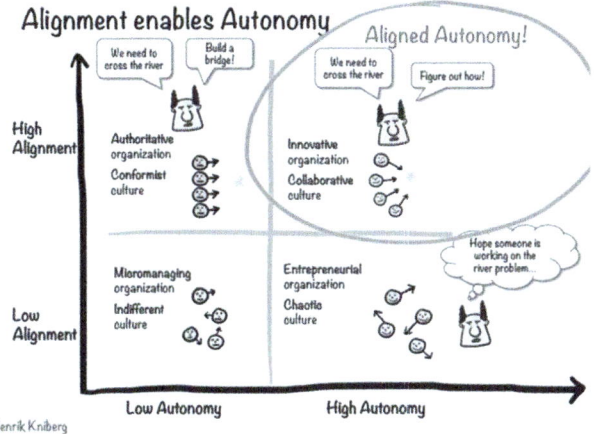

Abb. 1.2 Spotify autonomy alignment

Zur Vertiefung empfehle ich das Firmenvideo mit dem Titel „Spotify Engineering Culture Part 1 Agile Enterprise with Scrum and Kanban 1" (https://youtu.be/4GK1NDTWbkY).

> **Hier nochmals die wichtigsten persönlichen Voraussetzungen für agiles Führen**
>
> 1. Loslassen können – Vertrauen ins (heterogene) Team setzen! Bewusst die eigene Sicherheitszone verlassen, Vertrauen wertschätzend ans Team delegieren, nicht über alle Abläufe exakt wissen müssen (bzw. wissen wollen), weil dies in der immer komplexer werdenden VUCA-Welt ohnehin nicht mehr möglich ist.
> 2. Fehler (bei sich selbst und Kollegen) zulassen – anders ausgedrückt: Der Agile Leader muss auch mal Teller fallen sehen können. Im Zweifel wird dann eben mal aus einer Schüssel gegessen.
> 3. Nicht als „großer Macher" gefeiert werden wollen, stattdessen dem Team dienen (Abb. 1.3)

Abb. 1.3 Agile Führung

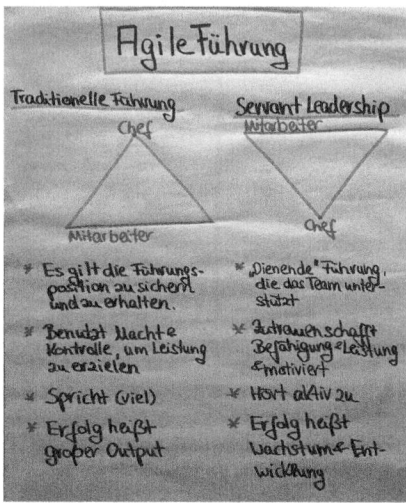

4. „Role Model" sein – mit gutem Beispiel vorangehen, die Kultur des Ausprobieren vorleben, denn der Chef ist eine wichtige Orientierungsfigur innerhalb des Teams und prägt die Kultur stark mit, sprich: auch mal eigene Fehler zugeben – das ist kein Zeichen von Schwäche, sondern menschlich und macht nahbar, erhöht letztlich die Akzeptanz. Vor allem: Führen ist eine hochemotionale Sache. Wer führen will, muss zuallererst lernen, Emotionen zu wecken.

Das Modell des Servant Leaders

Abschließend noch ein Hinweis: Als Führungskraft müssen Sie Ihr Team gar nicht motivieren, es reicht völlig, wenn sie es nicht demotivieren! Jeder gesunde Mensch ist in seinem Inneren, also intrinsisch, motiviert. Daniel Pink beschreibt in seinem Buch „Drive" drei Motivationsfaktoren für Mitarbeiter: Nach seiner und auch nach meiner Überzeugung arbeiten Mitarbeiter motivierter, wenn sie 1) *Autonomie* vorfinden, also weitgehend selbstständig über ihre Aufgaben(-verteilung) entscheiden können, 2) *Sinn* sehen in ihrer Aufgabe und 3) sie in ihrer Arbeit eine *Entwicklung* durchlaufen. Wenn Sie als Führungskraft also diese Rahmenbedingungen schaffen, klappt viel mehr, als sie sich vorstellen können. Und vor allem: Zutrauen schafft Befähigung. Wenn Sie Ihr Team wirklich erreichen wollen, gehen Sie von folgender Grundhaltung aus: „Ich bin stolz auf meine Truppe, ich liebe mein Team" (So wie der Seminarleiter seine Teilnehmer, der Sporttrainer seine Spieler und der Lehrer seine Schüler „lieben" sollte, auch wenn sie nicht perfekt sind!) – dies ist nach meiner Erfahrung die beste Grundvoraussetzung für gemeinsamen Erfolg.

1.4 OKRs – Führen mit Zielen: „bottom up" und „top down"

Häufig kommen Personaler aus ganz unterschiedlichen Branchen mit dem Anliegen auf mich zu:

> Die Geschäftsleitung macht Druck, wir müssen jetzt auf diese neuen Ziele, die OKRs (Objectives Key Results) umstellen – die Vereinbarungen sollen bis in spätestens drei Wochen zwischen Führungskraft und Mitarbeiter geschlossen sein. Wie können wir das schnell hinbekommen – am besten gestern?

Nicht selten stellt sich schon im ersten Austausch oder aber im Laufe weiterer Gespräche heraus, dass viele Unternehmen überhaupt keine übergreifende Zielrichtung als Vision und keine (klaren) Ziele und Maßstäbe definiert haben. Fakt ist aber: Führen mit OKRs ohne klar festgelegte – und kommunizierte – Ziele wird nicht funktionieren. Die Ziele müssen eindeutig (formuliert) sein. Zudem müssen sie ambitioniert sein. Und schließlich soll niemand überfordert werden.

Mit den richtigen Fragen gute Antworten finden
Anstatt einer vorschnellen Beraterantwort pflege ich in solchen Situation zunächst Fragen zu stellen, um Motivation und Beweggründe besser zu verstehen:

- Was genau ist Ihr übergeordnetes Ziel?
- Was versprechen Sie sich von der Einführung der OKRs in Ablösung des bisherigen Zielsystems?
- Ist diesbezüglich schon etwas gelaufen bzw. ist aktuell etwas geplant?
- Wie sieht Ihr Kommunikationsplan für diese doch nicht unbedeutende Veränderung aus?

In solchen Gesprächen fühle ich mich manchmal als nervige „Spaßbremse". Eine möglichst schnelle Einführung des Systems, was gerade angesagt ist und auf das man sich in mehreren diskussionsreichen Meetings verständigt hat, ist meist oberstes Ziel von Unternehmen. Doch die Erfahrung zeigt immer wieder, dass der Schuss leicht nach hinten losgeht, wenn zu wenig Wert auf die erforderlichen Vorarbeiten gelegt wird. Oftmals geht es bei Zielvereinbarungen um signifikante Boni (also Cash!), da möchte natürlich jeder Mitarbeiter gut informiert sein und die Gesamtzusammenhänge verstehen. Mitarbeiter benötigen aber genauso Informationen über die mittel- bis langfristigen Gesamtausrichtung ihres Unternehmens. Natürlich wollen sie auch wissen, für welchen Sinn bzw. Zweck ihr Unternehmen eigentlich steht, welchen Mehrwert auf dem Markt es vermittelt, für was es sich somit lohnt, jeden Tag aufzustehen – die sogenannte Mission („Mission Statement"). Da Vision und Mission Voraussetzungen für die Vereinbarung von OKRs sind, läuft ohne sie der gesamte Prozess zwangsläufig ins Leere – deshalb müssen diese zuallererst klar sein.

Hier einige Beispiele für Visionen

Steve Jobs über Apple-Vision: „An apple computer on every desk." (ein Apple-Computer auf jedem Schreibtisch)

Mission: „To make a contribution to the world by making tools for the mind that advance humankind." (einen Beitrag für eine Welt leisten, indem man Werkzeuge für den Geist schafft, die die Menschheit voranbringen)

Daimler-Vision: „Daimler is a global leading producer of premium passenger cars and the largest manufacturer of commercial vehicles in the world." (Daimler ist ein weltweit führender Hersteller von Premium-Personenwagen und der größte Hersteller von Nutzfahrzeugen der Welt.)

Mission: „To produce cars and vehicles that people will want to buy, will enjoy driving and will want to buy again." (Autos und Fahrzeuge herstellen, die die Menschen kaufen möchten, mit denen sie Freude am Fahren haben und die wieder kaufen möchten)

Weitere Beispiele für Visionen und Missionen von Unternehmen finden Sie hier:

www.slideshare.net/openinnovation/visions-missions-of-fortune-global-100/7-WalMart_StoresVisionTo_become_the_worldwide

Um OKRs zu definieren, sind folgende 6 Schritte erforderlich

1. Schritt: Eine *Vision* („I have a dream ...") – der über allem stehende, richtungsgebende „Polarstern".
2. Schritt: Eine *Mission* („Our mission is ...") des Unternehmens – ohne diesen Input vom Management-Team geht es nicht (= top down)!

3. Schritt: Die *Company Objectives* (Firmenziele) müssen festgelegt werden – diese leiten sich aus der Vision und der Mission ab und müssen mit diesen im Einklang stehen.
4. Die Mitarbeiter (welche Vision und Mission kennen!) entwickeln ihrerseits Objectives von unten her (= bottom up). Diese legen für ihren Bereich drei bis maximal fünf Objectives fest – für die erste Runde/Pilotgruppe reicht oft auch schon *ein* Objective.
5. Schritt: Die Entwicklung von *Key Results zu den jeweiligen Objectives*. Diese beschreiben den Zustand bei Zielerreichung. Hier helfen Formulierungen wie „Wir werden …" sowie „Wir werden wissen, dass wir erfolgreich waren, wenn …" – Die einzelnen Bereiche stellen sich gegenseitig ihre OKRs vor; diese Transparenz führt im Idealfall dazu, dass sich kannibalisierende Ziele prompt identifizieren, diskutieren und lösen lassen. Im Unterschied zu klassischen Zielvereinbarungen gilt bei OKRs der Dreimonatszyklus als flexibler Referenzzeitraum.

Beispiel: „Wir werden die Profitabilität der Firma steigern (= Objective) … Und wir werden wissen, dass wir erfolgreich waren, wenn wir erstens eine Umsatzsteigerung von zehn % erreicht haben und zweitens den Nettogewinn (nach Steuerabzug) auf drei Millionen Euro gesteigert haben (= Key Results)."

Beide Punkte sind zwei konkrete Key Results zu dem genannten Objective.

Gute Key Results müssen folgende Eigenschaften aufweisen

- Quantitativ (Zahlen, Daten, Fakten)
- Direkt von den Beteiligten beeinflussbar
- Präzise messbar im 3-Monats-Zyklus
- Ohne großen zeitlichen und systemischen Aufwand messbar
- Erreichbar

---

6. Schritt: Zuletzt werden die Objectives in konkrete *Aktionspläne* (ständiges Tracking, Einbeziehen in Meetings, Kommunikation usw.) überführt und umgesetzt.

> **Praxisbeispiel**
> Oliver K. ist „Head of IT & Technology" bei einem großen Automobilhersteller, er berichtet direkt an die Geschäftsführung. Letztere sieht aufgrund des Fachkräftemangels einen guten Zusammenhalt innerhalb der Teams als extrem wichtigen Hebel für weiteren unternehmerischen Erfolg und hat als strategisches Objective die Steigerung der Mitarbeiterbindung ans Unternehmen ausgerufen. Key Result ist die Reduktion der Fluktuationsrate auf maximal fünf %.
> Aus der OKR-Logik heraus soll dieses OKR in Olivers Bereich abgebildet werden. Die von ihm entworfenen Objectives beziehen sich deshalb auf die Zusammenarbeit im Team und nicht auf Produkte und nicht auf Innovationsthemen, wie es aufgrund seines Aufgabenbereichs vielleicht vermutet werden könnte.

Wichtig
Auch die Zielerreichung erfährt in der agilen Arbeitswelt eine Renaissance, denn hier gilt: Schon 70 bis 80 % Zielerreichung sind der sogenannte „sweet spot" – damit ist das Ziel erreicht, denn Perfektion wird in diesem System nicht angestrebt.

Wenn eine Umstellung von klassischen Zielsystemen hin zur Systematik von Objectives und Key Results erfolgen soll, lässt sich die Rolle von HR in diesem Gesamtprozess folgendermaßen definieren:

- Grundvoraussetzungen für die Einführung schaffen, das heißt, Vision und Mission mitentwickeln und klar an alle kommunizieren
- Dafür Sorgen tragen, dass diese Grundparameter von allen verstanden und mitgetragen werden (= in Kopf, Herz und Hand angekommen?)
- Den Change treiben und begleiten: Führungskräfte bei der Festlegung von Objectives und Key Results unterstützen
- Transparenz im Prozess sicherstellen: gegenseitiges Vorstellen der OKRs der Bereiche untereinander (= Review sessions), um sich widersprechende, sich kannibalisierende Ziele zu vermeiden
- Interne Kommunikation in und zwischen den Bereichen stärken, z. B. (Erkär-) Videos, Newsletter, Reminder-E-Mail, auf Nachfragen rasch reagieren, FAQs sammeln, beantworten und für alle zugänglich (im Intranet) veröffentlichen
- Best-Practice-Beispiele öffentlich machen
- Immer wieder (auch) in persönlichen Gespräch den Mehrwert des neuen Systems darstellen

1.5 Kollegiale Führung: Wenn der Chef im Team „durchwechselt"

Führung ist zu wichtig, als dass man sie einer einzigen Person überlassen sollte. In der modernen agilen Arbeitswelt wird Führung in der Regel auf mehrere Schultern verteilt. Dies ist insofern heutzutage unverzichtbar, da es für einen einzelnen in der VUCA-Welt – auch angesichts der immer komplexer werdenden Märkte – gar nicht mehr möglich ist, den kompletten Überblick zu behalten und die richtigen unternehmerischen Entscheidungen zu treffen.

Praxisbeispiel

Bei der alljährlichen zweitägigen Klausurtagung der Personalabteilung eines Berliner Unternehmen aus der FinTec-Branche stand neben strategischen Zielen des Unternehmens – und den daraus abgeleiteten HR-Zielen – auch die Reflexion der eigenen internen Zusammenarbeit auf der Agenda: Was sind Schmerzpunkte in der Zusammenarbeit? Was sind Ziele in der Zusammenarbeit? Wie sehen mögliche Lösungen aus? Der neuen Personalvorständin war es wichtig, durch diese offene Kommunikation eine tragfähige Kooperationsbasis für die nächsten Jahren zu schaffen.

Was die HR-Schmerzpunkte anging, so kristallisierte sich unter anderem heraus, dass die häufig langatmigen und wenig fokussierten Meetings bei einem Großteil des elfköpfigen Teams für Unzufriedenheit sorgten. Es wurde herausgearbeitet, dass zukünftig die Zielsetzung der wöchentlichen Teammeetings wie folgt lautete: 1) kurze Information der Abteilungsleiterin aus dem Geschäftsführungsmeeting (maximal fünfzehn Minuten); 2) relevante Themen in kurzen Blöcken (pro Thema maximal zehn Minuten!) zur Entscheidung bringen, sodass im Anschluss direkt daran weitergearbeitet werden konnte.

Das Team sammelte nun mithilfe verschiedener Brainstorming-Techniken (offen, über den Tellerrand hinausdenkend) denkbare Lösungsmöglichkeiten. Eine davon war die Einführung von Time-Boxing, also dem genauen Festhalten von selbst definierten Zeitvorgaben mithilfe einer sogenannten Time-Timer-Tischuhr. Konkret umsetzen sollte dies ein „Moderator" aus dem Team, der von Meeting zu Meeting alphabetisch durchwechseln würde. Dieser sollte nach neun Minuten die letzten 60 Sekunden ansagen und auf strikte Einhaltung der Regeln pochen – der Moderator übernimmt in diesem Moment also die Chefrolle und kann nicht „overruled" werden, was auch von Führungskräften akzeptiert wird. Das komplette Team (einschließlich der Abteilungsleiterin) committete sich, all diese Vorgaben einzuhalten.

Ein weiterer Schmerzpunkt war, dass die Erreichbarkeit des Admin-Teams (z. B. für Nachfragen zur Zeiterfassung, Rückfragen zu Vertragsthemen etc.) nach Aussagen von Führungskräften, Mitarbeitern und Betriebsräten oftmals nicht gegeben war. Da die Chefin mit einer Führungsspanne von zwölf Mitarbeitern sowie einem erheblichen Workload durch das Geschäftsführerteam stark beansprucht war, war es ihr nicht möglich, diese Erreichbarkeit zu verifizieren bzw. zu evaluieren. Ziel war es, diese Kunden mit optimalen Dienstleistungen zu versorgen und auch in den Nachmittagsstunden bis mindestens 17 Uhr erreichbar zu sein.

Bei der Lösungssuche favorisierte das Team folgendes Modell: Eine Kollegin übernimmt ab sofort parallel zu ihrer Aufgabe als Personalreferentin am Nachmittag für eine zweimonatige Pilot-Phase die Leitung der vierköpfigen Admin-Abteilung; dies ist für sie gut möglich, da ein Großteil ihres Betreuungsbereiches in dieser Spanne Urlaub hat (= flexibel mit Ressourcen umgehen!); im Besonderen soll in dieser Zeit das Problem der schlechten Erreichbarkeit besprochen und gelöst werden. Nach diesen zwei Monaten wird reflektiert und das weitere Vorgehen besprochen (= iteratives Vorgehen).

In diesem Fall löste das Team es so, dass die temporäre „Führungskraft" am Nachmittag ihr Büro mit den Admin-Kollegen teilte. Dabei stellte sie fest, dass mehrere Admin-Kollegen aufgrund von Teilzeitmodellen nachmittags unregelmäßig verfügbar waren.

Die Lösung bestand demzufolge darin, genau dies gegenüber den „Kunden" zu kommunizieren, Erwartungen bzw. Bedürfnisse entsprechend zu managen ... und ihnen für Fälle, die nicht bis zum nächsten Tag warten konnten, eine zentrale Telefonnummer als Hotline zur Verfügung zu stellen. Diese wurde eigenverantwortlich von mehreren Kolleginnen abwechselnd organisiert – mit der Folge, dass die früher von den Führungskräften rückgemeldete schlechte Erreichbarkeit jetzt deutlich verbessert war.

Dieses Beispiel zeigt nachdrücklich, dass Teams selbst sehr wohl in der Lage sind, innerhalb der Gruppe tragfähige Lösungen zu finden. Die kollektive Intelligenz des heterogenen Teams führt in der Regel sogar zu deutlich innovativeren Vorschlägen, als das im überschaubaren Führungsteam oder gar von einem Vorgesetzten allein denkbar wäre. Dadurch, dass Betroffene zu Beteiligte werden, steigt darüber hinaus die Akzeptanz für das Thema und für die Lösung.

> **Ihr Transfer in die Praxis**
>
> - Seien Sie mutig! Geben Sie Themen ganz bewusst an Ihr Team zur Lösung ab.
> - Zielelandschaft: Ist Ihr Zielesystem noch motivierend und zielgerichtet? – Machen Sie den ersten kleinen OKR-Pilotversuch in einem Unternehmensbereich.
> - Machen Sie Ihre ersten Schritte zum „Servant Leader" – Wo und wie kann ich meinem Team Freiräume verschaffen, es stärken und erfolgreicher machen?

Literatur

1. Agile Tool Cards, hg. von Sauter, Michael/Weichselbaum, Annie/Ott, Manuel, Brainbirds GmbH, München 2018.
2. www.agilemanifesto.org
3. Mitarbeiter verlassen keine Chefs, sondern Unternehmen. https://t3n.de/news/mitarbeiter-kuendigen-jobwechsel-gruende-1141397/ vom 01.02.2019
4. www.iwkoeln.de vom 10.09.2018
5. Böllhoff, Christian, Prognos blickt auf Fachkräftesituation in Deutschland, www.prognos.com vom 30.08.2017
6. Stampfl, Georg E.H., Innovationsprojekte und heterogene Teams: Erfolgsfaktoren interdisziplinärer Zusammenarbeit, Diplomica-Verlag 2010.

Weiterführende Literatur

Beck, Don Edward/Cowan, Christopher C., Spiral Dynamics. Leadership. Werte und Wandel. Eine Landkarte für Business und Gesundheit im 21. Jahrhundert, Verlag J. Kamphausen, Bielefeld 2008.

Doerr, John/Möller, Klaus u. a., OKR: Objectives & Key Results: Wie Sie Ziele, auf die es wirklich ankommt, entwickeln, messen und umsetzen, Verlag Vahlen, München 2018.

Ehmann, Brigitte, Führungskräfteentwicklung auf neuen Wegen, in: Schwuchow, Karlheinz/Gutmann, Joachim (Hg.), Personalentwicklung. Themen, Trends, Best Practices 2015, Haufe-Lexware Verlag, Freiburg 2015, S. 147–154.

Gloger, Dieter/Rösner, Dieter, Selbstorganisation braucht Führung: Die einfachen Geheimnisse agilen Managements, Carl Hanser-Verlag München 2017.

Hackl, Benedikt/Gerpott, Fabiola, HR 2020 – Personalmanagement der Zukunft: Strategien umsetzen, Individualität unterstützen, Agilität ermöglichen. Verlag Vahlen, München 2015.

Hofert, Svenja, Agiler führen: Einfache Maßnahmen für bessere Teamarbeit, mehr Leistung und höhere Kreativität, Springer-Gabler, Wiesbaden 2016.

Kortmann, Olaf, Transformationales Führen (=Reihe „30 Minuten"), Gabal-Verlag, Offenbach 2016.
Lehky, Maren, Leadership 2.0. Wie Führungslräfte die neuen Herausforderungen im Zeitalter von Smartphone, Burnort & Co. Managen, Campus-Verlag, Frankfurt 2011.
Mello, Francisco, OKRs – From Mission to Metrics, San Francisco 2018.
Niermeyer, R./Seyffert, M., Motivation, (=Reihe Taschen-Guide), Planegg/München 2012.
Norman, Donald, The Design of Everyday Things, Basic Books, New York 2018.
Oestereich, Bernd/Schröder, Claudia, Das kollegial geführte Unternehmen. Ideen und Praktiken für die agile Organisation von morgen, Verlag Vahlen, München 2017.
Scherber, Stefan/Coldewey, Jens/Lang, Michael (Hg.), Agile Führung: vom agilen Projekt zum agilen Unternehmen, Symposion-Verlag, Düsseldorf 2015.
Schiller, Robert, Heute Chef – morgen agil. Gemeinsam umdenken, arbeiten, erfolgreich sein, Carl Hanser-Verlag, München 2017.
Slogar, Andreas, Die agile Organisation. Wo anfangen? Wie Mitarbeiter und Führungskräfte begeistern? Wie Struktur und Strategie anpassen?, Carl Hanser-Verlag, München 2017.
Zapf, Lars/Creutzburg, Martin, Agil ist eine Haltung – Warum Unternehmen bei der Einführung scheitern, wenn sie Agilität als ein Set von Methoden verstehen, in: Hays Blog vom 17.07.2018
https://blog.hays.de/agil-ist-eine-haltung-warum-unternehmen-bei-der-einfuehrung-scheitern-wenn-sie-agilitaet-als-ein-set-von-methoden-verstehen.
www.slideshare.net/openinnovation/visions-missions-of-fortune-global-100/7-WalMart_StoresVisionTo_become_the_worldwide

2 Diese agilen Methoden gibt es – und was sie bewirken

> *„Wer seine Kunden richtig versteht, hat keine schwierigen Kunden."*
> Anonymus

Was Sie aus diesem Kapitel mitnehmen

- Wie Sie typische HR-Themen agil in Einzelprobleme zerlegen und lösen können
- Wie HR-Kundenzentrierung in der agilen Arbeitswelt konkret gelebt wird
- Wie Sie vermeiden können, „für die Tonne" zu arbeiten

Veröffentlichungen über einzelne agile Methoden sowie deren Herkunft liegen inzwischen zahlreich vor. In diesem Kapitel soll daher immer nur ein knapper Überblick zur Genese der unterschiedlichen agiler Arbeitsmethoden erfolgen – der Schwerpunkt liegt ganz überwiegend auf ihrer Relevanz für agile Personalarbeit.

2.1 Design Thinking

Bei dieser Methode handelt es sich um einen stark praxisorientierten generalistischen Ansatz; er basiert auf der Idee einer New Yorker Agentur namens „Ideo" und dessen Gründer David Kelley – Professor an der renommierten Stanford University (dort wurde übrigens die erste Computermaus für Apple entwickelt). Das dahinter stehende Grundaxiom lautet: *Kundenorientierung, Kundenzentrierung, Kundenbegeisterung* – drei Grundhaltungen, die für moderne Personaler in schwierigen Märkten einerseits absolut erfolgsentscheidend sind, andererseits aber häufig sträflich vernachlässigt werden.

In meiner jahrelangen Tätigkeit für verschiedene Unternehmen aus unterschiedlichen Branchen habe ich oft miterlebt, dass gut gemeinte Talentmanagementprogramme und selbst hochkomplexe Zielerreichungssysteme, entwickelt in den Centers of Excellence im HR-Bereich, häufig weder die Erwartung der Führungskräfte noch die Bedürfnisse des Unternehmens und auch nicht die Ziele der Geschäftsführung trafen. Fleißige und ehrgeizige Personaler entwickeln und bearbeiten nicht selten Themen bzw. Ideen mit hohem zeitlichem Invest, großer persönlicher Begeisterung und enormem Ressourcenaufwand – häufig wird jedoch aus verschiedenen Gründen verpasst, ganz konkret an die speziellen Bedürfnisse der Fachbereiche anzuknüpfen ... was oft dazu führt, dass sie dann letztendlich nicht genutzt werden. Ein Umstand, der bei den engagierten Personalern logischerweise zu Frust führt.

Mit Design Thinking können Sie vermeiden, „für die Tonne" zu arbeiten. Das Zauberwort hier: customer centricity. Was nichts anderes heißt als: „Beziehen Sie Ihre(n) Kunden in die Produktentwicklung von Anfang an dezidiert mit ein!"

▶ Zum Thema Kundenzentrierung stellt Alexandra Eichberger, Vice President Change & HR Excellence bei Magenta Telekom Wien, fest: „Für uns ist es extrem wichtig, die Bedürfnisse unserer Kunden genau zu verstehen, sie bei der Produktentwicklung einzubeziehen und dadurch kundenzentrierte Lösungen zu entwickeln, die Mehrwert schaffen. Das gilt auch für uns in HR. Um die Transformation des Unternehmens bestmöglich zu unterstützen, nutzen wir agile Methoden, entwickeln unsere HR-Produkte mit dem Business gemeinsam und arbeiten in iterativen Prozessen. So treiben wir die Veränderung stark lösungs-, bedarfs- und zielorientiert."

Für HR bedeutet das, seine Kunden mithilfe agiler Methoden zu fokussieren, Kundenbedürfnisse kritisch zu hinterfragen und für die Schmerzpunkte Lösungen anzubieten bzw. bei der Umsetzung mitzuwirken. HR ist kein Selbstzweck, HR ist Business.

Wesentlich ist, dass alle Beteiligten sich zu Beginn noch nicht auf eine Lösung, z. B. ein bestimmtes Tool oder einen definierten Ablauf, „eingeschossen" haben, sondern aufgeschlossen für alle Lösungen sind, also absolut ergebnisoffen einsteigen. Wie genau kann dies geschehen? (Abb. 2.1)

2.1 Design Thinking

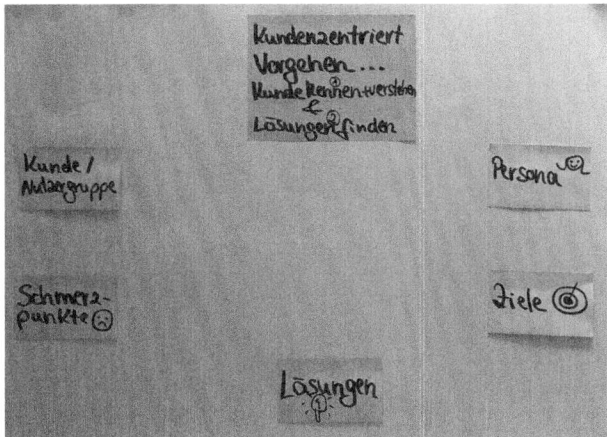

Abb. 2.1 Kundenzentriertes Vorgehen

Die 6 Design-Thinking-Schritte

Wenn Sie im HR etwas Neues planen, z. B. die Einführung eines Employer Brandings, gehen Sie am besten in den sechs Design-Thinking-Schritten vor: Die Schritte „Verstehen", „Beobachten" und „Sichtweise definieren" stellen beim Design Thinking den sogenannten Problemraum dar. Hier geht es ausschließlich darum, den HR-„Kunden" – also Führungskräfte, bestehende und zukünftige Mitarbeiter, Betriebsräte – und dessen Bedürfnisse zu analysieren und begreifen, welches Problem sie haben. Die Schritte „Ideen finden", „Prototypen entwickeln" und „Testen" stellen den sogenannten Lösungsraum dar (siehe hierzu Abb. 2.2).

> **Praxisbeispiel**
>
> Vor einiger Zeit kam die HR-Abteilung eines global tätigen, hochspezialisierten Technologieunternehmens im Stuttgarter Raum mit folgendem Anliegen auf mich zu:
>
> Wir haben aktuell mehr als 40 offene Stellen, finden jedoch nicht die passenden Mitarbeiter … bzw. noch schlimmer: Auf einige Stellenausschreibungen im Technologiebereich bekommen wir noch nicht einmal Bewerbungen. Nun erfuhren wir durch eine Umfrage an verschiedenen Hochschulen, dass wir als Arbeitgebermarke kein gutes Image haben. Insbesondere scheint auf dem Arbeitsmarkt nicht bekannt zu sein, wie gut die internen Entwicklungsmöglichkeiten sind. – Was können wir tun, um unser Arbeitgeberimage aufzupolieren, sodass wir für qualifizierte Bewerber wieder attraktiver werden?

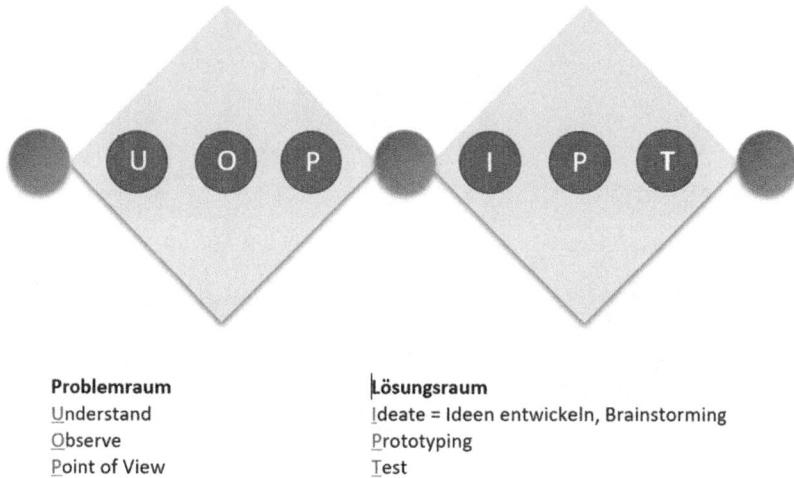

Problemram
Understand
Observe
Point of View

Lösungsraum
Ideate = Ideen entwickeln, Brainstorming
Prototyping
Test

Abb. 2.2 Die 6 Design-Thinking-Schritte

Wie sah das Design-Thinking-Procedere für HR hier aus?
Zunächst einmal stellten wir eine vierköpfige, sehr heterogen besetzte interne Projektgruppe zusammen, bestehend aus zwei Mitarbeitern der Personalabteilung (einem Business Partner des Technologiebereichs und einem Recruiter für Technologie-Berufe), dem Teamlead Technology der betroffenen Produktionssparte sowie einem Maschinenbaustudenten, der aktuell ein Praktikum im Produktionsbereich absolvierte. Ziel der Gruppe war es, in maximal vier Wochen konkrete Aktionen anzustoßen, mit deren Hilfe das Dilemma bezüglich der Stellenbesetzung mit Nachwuchsfachkräften mittelfristig gelöst werden sollte.

In der darauf folgenden Woche startete die Projektgruppe mit dem ersten Design-Thinking-Schritt *Understand* (=Verstehen). Dafür wurde die Zielgruppe befragt: in diesem Fall zwölf (ausgewählte) Hochschulabsolventen aus MINT-Fächern (=Mathematik, Informatik, Naturwissenschaft, Technik) verschiedener umliegender Hochschulen. Einige von ihnen hatten bereits ein Praktikum im Unternehmen absolviert.

- Was sind Ihre Kriterien bei der Auswahl Ihres Wunscharbeitgebers?
- Welche Arbeitsumgebung benötigen Sie, um gern zur Arbeit zu kommen und sich am Arbeitsplatz wohl zu fühlen?
- Wie stellen Sie sich idealerweise die Kultur „Ihres" Unternehmens vor?

- Was sind für Sie Knock-out-Kriterien bei der Wahl Ihres Arbeitgebers?
- Wie sieht für Sie die perfekte Kombination von Berufsleben und Privatleben aus?
- Wie wichtig ist Ihnen Ihre berufliche Entwicklung auf einer Skala von 1–10?
- Beantwortete der Kandidat diese Frage beispielsweise mit „7", folgte die Nachfrage, wie er auf genau diese Zahl gekommen sei und was er für eine „8" benötigt. Auf diese Weise sammelte das Team wichtige Erkenntnisse über die Motivation der Kandidaten.
- Woran würden Sie merken, dass Sie sich beruflich und persönlich weiterentwickelt haben, wenn wir uns in zwei bis drei Jahren wieder treffen?
- Welches waren die (Haupt-)Gründe, warum Sie sich beim Unternehmen xy nicht beworben haben?
- Was würden Sie unserem Unternehmen konkret empfehlen, um zukünftig passende Mitarbeiter zu gewinnen?

Das Ergebnis der Befragung förderte folgende Erkenntnisse zutage:

Erstens Das Unternehmen hatte bei den Studierenden bzw. Absolventen das Image einer traditionellen, patriarchisch-geprägten Firma, die Arbeitsumgebung wurde als „unmodern" und wenig zeitgemäß wahrgenommen, als Anzeichen dafür wurden genannt: starre Arbeitszeiten, eingeschränkte Möglichkeiten zum mobilen Arbeiten, (Karriere-)Entwicklung nach Betriebszugehörigkeit statt nach Eignung bzw. Qualifikation.

Zweitens Die Räumlichkeiten wurden als unterdurchschnittlich ansprechend beschrieben – (zu) wenige Kommunikationstreffpunkte, wie z. B. Besprechungsecken oder Café-Bars, lange Gänge mit geschlossenen Türen, veraltete Hardware- und Softwareausstattung.

Drittens Die Führung galt als (zu) traditionell geprägt – control and demand anstatt Vertrauen und maximalem Freiraum bzw. freedom and advice mit einem hohen Grad an Eigenverantwortung und Autonomie, ganz nach dem Motto „Trust is the new control."

Viertens Das Unternehmen wurde zwar technologisch als fortschrittlich wahrgenommen – schließlich was es am globalen Markt sehr erfolgreich –, jedoch kulturell als (zu) wenig offen, als in sich geschlossenes System (so genannter „closed shop"), stark durch die Eigentümerfamilie geprägt und „beherrscht".

Im zweiten Schritt – *Observe* oder auch *Erforschen* – tauchte die Projektgruppe tiefer in die Lebenswelt der Studierenden ein: Hierfür standen Besuche an verschiedenen Hochschulen, Treffen mit Professoren sowie Zukunfts- und Trendforschern, eigener Recherche zur Nutzung digitaler Produkte und sozialer Medien auf der Agenda. Auf diese Weise ließen sich bedeutende Einblicke über Bedürfnisse, Lebensweise, Interessen gewinnen – der Maschinenbaustudent in der Projektgruppe übernahm dabei eine stark verbindende, moderierende, organisierende und impulsgebende Funktion. Die Mitglieder der Projektgruppe wurden in dieser Phase nach und nach zu „Experten" für die vordefinierte Themenstellung.

Die gewonnenen Erkenntnisse der Recherchen aus den beiden ersten Phasen fasste man im dritten Schritt, dem sogenannten *Point of View,* zusammen – hierfür wurden die folgenden beiden Tools genutzt:

a) *Visualisierung:* Die recherchierte Informationen wurden in einem Raum auf Post-it-Zetteln sichtbar gemacht – dabei sollen gerne optische Anker verwendet werden (z. B. Zeichnungen, Skizzen, Prozessdarstellungen anfertigen).

> **Exkurs: Aufwärmübung „Dumme Kuh"**
> Um die Hemmschwemme bei der Nutzung von Post-it-Zetteln und das Zeichnen von Ideen zu senken, mache ich gerne eine Aufwärmübung, die sich „Dumme Kuh" nennt. Die Teilnehmer sollen an eine Kuh und deren Eigenschaften denken. In der Gruppe sammeln wir dazu zunächst gemeinsam Attribute der Kuh: schwarz, weiß oder braun, gibt Milch, trinkt viel Wasser, heißt oft Emma, Erna oder Lotte, ist gemütlich, frisst Gras, kann gefährlich werden, hoher CO_2-Ausstoß etc. Anschließend soll jeder mindestens eine Geschäftsidee, die ausschließlich zeichnerisch dargestellt werden darf, mit der Kuh entwickeln, gezeichnet auf Post-it-Zetteln (Zeitrahmen: ca. drei Minuten!).

b) *Entwickeln einer imaginären Persona* (siehe hierzu Abb. 2.3): Die Persona steht stellvertretend für eine signifikante Nutzergruppe, ist also ein typischer Nutzer – von der Gruppe wurde sie wie folgt beschrieben: Studierender des Ingenieurwesens, heißt Simon, 23 Jahre, männlich, stammt aus Baden-Württemberg, sportlich, fährt gern Rad, familienbezogen, besucht am Wochenende gern die Familie zu Hause, stark digitalisiert bzw. nutzt privat alle Möglichkeiten der digitalen Welt, auch wenn das (noch) nicht komplett ruckelfrei funktioniert (z. B. Bahn-/Zugtickets, Kinokarten, Pay-Services,

2.1 Design Thinking

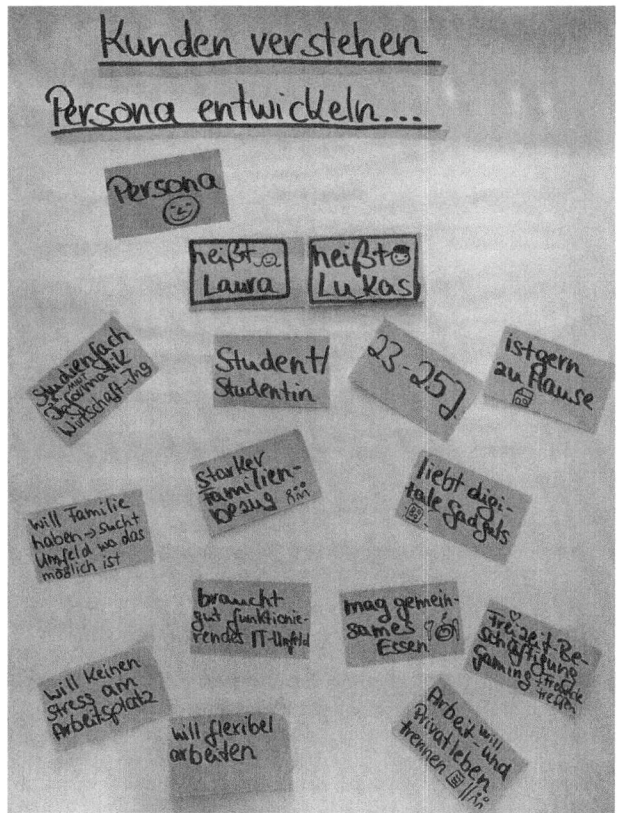

Abb. 2.3 Persona

Essensbestellungen per *Lieferando, Lieferheld*), spielt Videogames (am Wochenende), sieht kein lineares TV, statt dessen Hardcore-User von Video on Demand (z. B. Netflix), liebt technische Spielereien im privaten und beruflichen Umfeld (z. B. Smart Home) – hochmoderne Küche mit selbst reinigendem Backofen, programmierte Kaffeemaschine schaltet sich selbstständig an, Haustür wird mit Fingerabdruck geöffnet, Innenbeleuchtung wird über Handy-App gesteuert, Alexa und Siri sind ständige Begleiter.

Weitere Möglichkeiten, den „Point of View" darzustellen, sind beispielsweise das *Storyboard*, die *2 × 2-Matrix* und das *VENN-Diagramm*.

Abb. 2.4 2 × 2-Matrix blanco

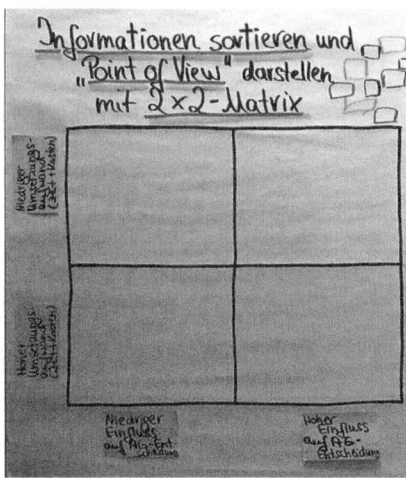

a) Beim Storyboard werden die recherchierten Informationen wie in einem Comic dargestellt, z. B. ein typischer Wochenablauf eines Maschinenbaustudenten.
b) Die 2 × 2-Matrix (siehe hierzu Abb. 2.4 und 2.5) sortiert die recherchierten Informationen in eine 4-er Matrix. Abhängigkeiten und Zusammenhänge werden so offensichtlich(er).
c) Das VENN-Diagramm vereint die einzelnen Informations-cluster. Die Schnittmenge macht überschneidende Aspekte der einzelnen Cluster deutlich, z. B. der MINT-Student, Freizeit, Beruf, Familie.

Schließlich formulierte die Gruppe mit den gewonnen Erkenntnissen die sogenannte *Challenge* – diese startet immer mit der Formulierung „How might we … ?" (= Wie können wir … ?). In unserem Praxisfall definierte die Projektgruppe diese Herausforderung wie folgt: „Wie können wir unser Unternehmen moderner machen und damit bis zum Ende des Jahres (es war aktuell März!) die Quantität und Qualität der eingehenden Bewerbungen spürbar und nachhaltig steigern?".

Damit verließ die Gruppe den Problemraum der ersten drei Schritte und stieg mit dem vierten Schritt *(Ideate)* in den Lösungsraum ein. Dafür startete das vierköpfige Team mit der definierten Challenge ein intensives Brainstorming. Dabei wurden bei jeder Runde alle Ideen auf Post-it-Zetteln festgehalten und an der Wand oder einer Metaplanwand gesammelt.

2.1 Design Thinking

Abb. 2.5 2 × 2-Matrix

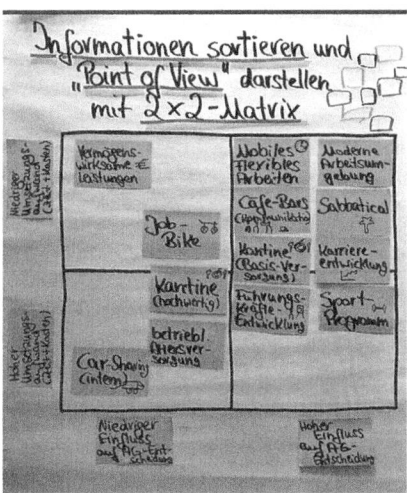

- Jeder schreibt seine Lösungsideen auf, keiner redet (ca. 3 min) – so viele wie möglich („Go for quantity").
- Blickrichtung variieren („Change perspective!") – Die dahinterstehende Frage könnte lauten: „Wie würde wohl an unserer Stelle ein bekannter Firmenchef, z. B. Mark Zuckerberg, oder ein erfolgreiches Unternehmen, z. B. Google oder Tesla, handeln? Welche Lösung würde Jeff Bezos (Gründer Amazon) vorschlagen?"
- Die Projektgruppe stellt sich gegenseitig die Ideen vor.
- Die Teilnehmer diskutieren die Ideen und entwickeln in der Diskussion und im Austausch noch weitere Ideen, die sofort auf weiteren Post-it's gesammelt werden („Built on the ideas of others").
- Lösungsideen, die zusammengehören, werden geclustert.

Hier gab es einige Ideen zur räumlichen Gestaltung der Gebäude – Cluster „Arbeitsumgebung". Auch bildete die Gruppe Cluster zu den Themen „Digital Employer Branding 2.0" und „Transformation Karrierewege/-entwicklung".

Nach der „wilden" Ideenfindung wurde es nun konkreter: Die Gruppe entschied sich, mit den Ideen zu diesen drei TOP-Clustern in die letzten beiden Phasenschritte – *Prototyping* und *Test* – einzutreten. Die Wünsche der Teilnehmer (=Wünschbarkeit) wurden jetzt auf Machbarkeit und Wirtschaftlichkeit überprüft, schließlich wollte das Team am Ende sehr konkrete Ergebnisse aus

Abb. 2.6 Wie entsteht Innovation aus dem Dreiklang von …?

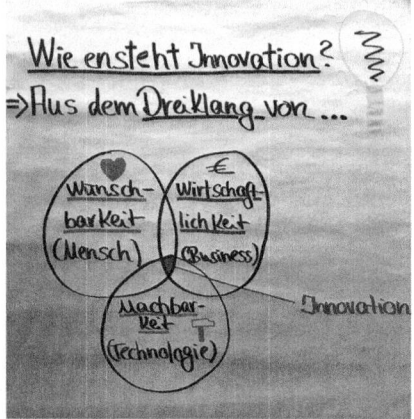

dem Design-Thinking-Prozess präsentieren und idealerweise auch umsetzen (= Umsetzbarkeit). Innovation entsteht immer im Dreiklang von Wünschbarkeit, Wirtschaftlichkeit und Machbarkeit. Die Wünschbarkeit steht für die Kundenbedürfnisse. Sind diese klar, werden diese aus Businesssicht hinterfragt und die Wirtschaftlichkeit evaluiert. Schließlich geht es um die technologische Machbarkeit. In der Schnittstelle aus allen drei Faktoren erfolgt die Umsetzung, sprich: die Innovation (siehe hierzu Abb. 2.6).

In Schritt fünf baute das Team Prototypen: Aus Bastelmaterialien (Styropor, Lego Knetmasse, Weichgummi, Holz, Wellpapier) wurden Muster für die Lösungsideen gefertigt. Durch das Visualisieren empfanden die Teilnehmer – aufgrund der für Büromenschen meist ungewohnten Arbeitsweise – einerseits Spaß, zum anderen entwickelten sie ein Gefühl dafür, was machbar ist bzw. was gegebenenfalls nochmals nachbearbeitet werden sollte, bevor es dem Kunden als erster Prototyp vorgestellt werden konnte.

In Schritt sechs präsentierte das Team den (zu Beginn befragten zwölf) Studenten und einer gemischten Gruppe aus Vertretern der Personalabteilung, dem Management sowie des Technologiebereichs die Ergebnisse. Aufgrund des sehr offen geäußerten Feedbacks wurde nochmalig angepasst.

Schließlich präsentierte die Gruppe ihren Prototyp der Geschäftsführung. Ein grober Kostenplan war ebenfalls erstellt. Der Geschäftsführung lagen somit die notwendigen Informationen zur Entscheidungsfindung vor. Dem Management war klar, dass es sich beim Prototyp um einen allerersten vielversprechenden Lösungsvorschlag handelte, dem nun nachgegangen werden sollte. Auch wusste die Geschäftsführung: Kosten lassen sich in agilen Prozessen nur grob bestimmen und werden in den einzelnen Projektschritten (= iterative Schleifen) steht mitbetrachtet. Durch die Kosten-Reviews besteht keine Gefahr der ausufernden Kosten – ganz im Gegenteil zur klassischen „Wasserfallmethode", bei der (große) Budgets über Jahre hinweg geplant sind und dann oft überschritten werden.

> **Die Top-8-Brainstorming-Regeln**
> 1. *Define the problem* – Definieren Sie zu Beginn die Themenstellung bzw. das Problem so exakt wie möglich!
> 2. *Immerse yourself with the topic* – Starten Sie in die Brainstorming-Runde mit einer Vertiefungserfahrung, z. B. einem Fachvortrag.
> 3. *Visualize ideas* – Stellen Sie Ihre Ideen bildlich dar, weil Bilder die Fantasie stärker anregen als (nur) Schrift! Verschiedenfarbige Post-it-Zettel sowie ein Spezialfilzstift, z. B. „Stabilo 68" oder „Edding 2000", können dabei helfen.
> 4. *Go for quantity* – Kreieren Sie so viele Ideen wie möglich!
> 5. *Defer judgement* – Vermeiden Sie über die Ideen vorschnell zu urteilen (z. B. „Diese Idee können wir niemals realisieren, das würde zu viel kosten, die zusätzlich benötigten Mitarbeiter zur Umsetzung dieser Idee sind außerdem nicht im Budget")!
> 6. *Change perspectives* – Blickrichtung variieren! Die dahinterstehende Frage könnte lauten: „Wie würde wohl an unserer Stelle ein bekannter Firmenchef, z. B. Mark Zuckerberg, oder ein erfolgreiches Unternehmen, z. B. Google, handeln?"
> 7. *Build on the ideas of others* – Bauen Sie auf den Ideen anderer auf! Es ist völlig legitim, an die Ideen anderer anzuknüpfen.
> 8. *Encourage for wild ideas and think out of the box* – Ermutigen Sie Ihr ganzes Team zu „verrückten" Ideen; diese müssen nicht auf den allerersten Blick stimmig und umsetzbar erscheinen bzw. sein.

Zur weiteren Veranschaulichung empfehle ich das auch nach Jahren weiterhin aktuelle Video der New Yorker Agentur „IDEO" – es illustriert auf sehr einleuchtende Weise den Praxisprozess des Design Thinking anhand eines konkreten Beispiels, in diesem Fall der Weiterentwicklung eines Einkaufswagens unter Berücksichtigung spezifischer Kundenwünsche: www.youtube.de, „IDEO Shopping Cart Project" [1].

Zudem hier noch ein interessantes Verzeichnis von (kostenlosen) digitalen Tools, die bei der Ideenumsetzung für verschiedenste Bereiche von Daten-Analyse, Kundensupport bis Zusammenarbeit im Team helfen – Startups: https://startupstash.com.

2.2 Business Model Canvas

Albert Einstein (1879–1955) war dafür bekannt, dass er zum besseren Verständnis stets versuchte, theoretische Konstrukte optisch darzustellen, um daraus mögliche Lösungen für zuvor exakt definierte Probleme abzuleiten. Analog dazu versteht sich das Business Model Canvas (kurz: BMC) als bewährtes optisch-veranschaulichendes Instrument, um innovative Geschäftsmodelle und Start-up-Ideen übersichtlich auf einer Seite darzustellen. Damit können Visionäre – zumindest rein theoretisch auf dem „Reißbrett" – überprüfen, ob eine Idee auch unternehmerisch sinnvoll sein könnte. Entwickelt von Alexander Osterwalder, fungiert das Modell, das inzwischen mehrere Millionen Nutzer erreicht hat, als wichtiger Impulsgeber für alle, die Innovation vorantreiben und dabei auf veraltete Unternehmensstrukturen verzichten wollen. Auch bereits bestehende Geschäftsmodelle lassen sich mit dem Business Model Canvas zügig visualisieren und weiterentwickeln – wie könnte ein Unternehmen oder eine Personalabteilung in drei, fünf oder zehn Jahren aussehen? In der Lean-Start-up-Philosophie ersetzt das Business Model Canvas den herkömmlichen Business-Plan.

9-er Grid
Sie haben eine innovative Idee für Ihr Personalmanagement, von der Sie sich etwas versprechen und die Sie gerne verwirklichen möchten? Und Sie wollen herausfinden, wie praktikabel das Ganze ist? Dann zeichnen Sie auf ein großes Flipchart-Papier ein großes Rechteck mit neun Feldern (siehe Abb. 2.7, 2.8 und 2.9) – diesen ordnen Sie folgende Schlüsselfaktoren zu: *Kunden, Nutzenversprechen, Vertriebs- und Kommunikationskanäle, Kundenbeziehungen, Einnahmequellen, Schlüsselressourcen, Schlüsselaktivitäten, Schlüsselpartnerschaften, Kostenstruktur.*

2.2 Business Model Canvas

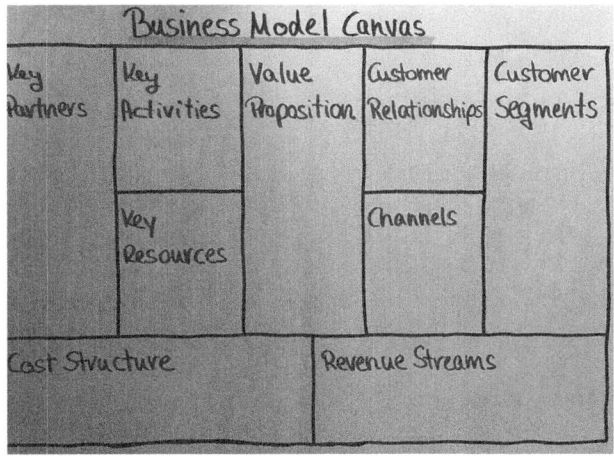

Abb. 2.7 Business Model Canvas blanco

Nutzenversprechen (Value Propositons)	Welchen konkreten Nutzen haben Ihre Kunden, wenn Sie mit ihnen zusammenarbeiten?
Kunden (Customer Segments)	Welches sind Ihre konkreten Zielgruppen? Für wen genau arbeiten Sie?
Partner (Key Partners)	Mit welchen Partnern arbeiten Sie zusammen?
Vertriebs- und Kommunikationskanäle (Channels)	Wie interagieren Sie mit Ihren Kunden? Wie erfahren Ihre Kunden von Ihrem Angebot und wie bekommen sie es „geliefert"?
Kundenbeziehungen (Customer Relationships)	Wie pflegen Sie Ihre Kundenbeziehungen? Zum Beispiel mit Mailings, persönlichen Treffen, Veranstaltungen ...

Schlüsselressourcen (Key Resources)	Wen oder was benötigen wir, um das Business durchzuführen? Zum Beispiel Räume, Mitarbeiter, ein Branding, Plattform mit Pay Service …
Schlüsselaktivitäten (Key Activities)	Was konkret sind die nächsten Schritte? Zum Beispiel Mitarbeiter einstellen, Partner finden und beauftragen, Räumlichkeiten finden
Einnahmequellen (Revenue Streams)	Einnahmen aus Dienstleistung oder Produktverkauf
Kosten (Cost Structure)	Welche Kosten entstehen, zum Beispiel Miete, Personalkosten, externe Dienstleister?

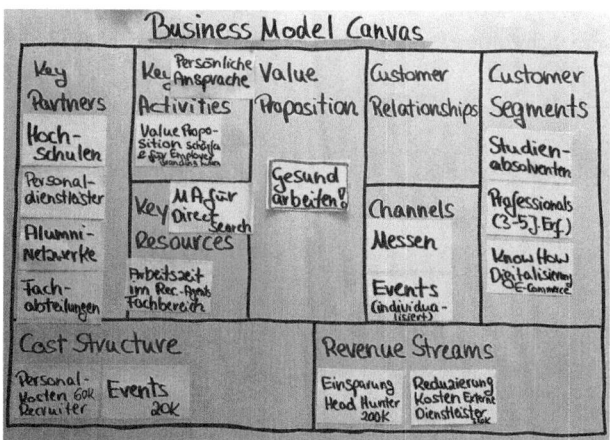

Abb. 2.8 Business Model Canvas Sporthersteller

2.2 Business Model Canvas

In einer Brainstorming-Runde mit mehreren Kollegen füllen Sie nun die einzelnen Felder mit Inhalten. Verwenden Sie hierfür am besten Post-it-Zettel, denn im Laufe des Prozesses kommt es sicherlich mehrmals vor, dass Sie Inhalte ändern oder wieder verwerfen wollen (oder müssen). Damit Sie ein besseres Gefühl für die einzelnen Schlüsselfaktoren bekommen und sehen, was sie im Einzelnen bedeuten, stelle ich diese am Beispiel eines großen Sportartikelherstellers vor, der sich zum Ziel gesetzt hatte, sein Recruiting zu innovieren. Es muss nicht immer das ganz große Business-Modell sein, das BMC funktioniert auch sehr gut mit komplexen internen Themenstellungen.

Hier noch ein weiteres Beispiel: Der bekannte Community-Marktplatz für Buchung und Vermietung von Unterkünften „airbnb" stellt sein Geschäftsmodell im Business-Modell-Canvas so dar (s. Abb. 2.9).

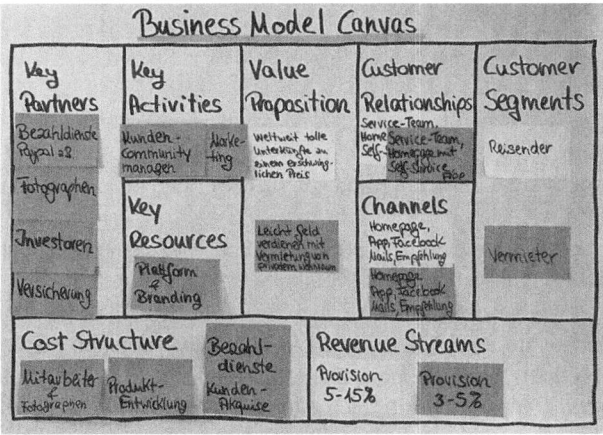

Abb. 2.9 Geschäftsmodell von airbnb im Business Model Canvas

2.3 Lean-Start-up

Als Kreator dieser agilen Arbeitsmethode gilt der Amerikaner Eric Ries. Dieser Silicon-Valley-Entrepreneur, selbst Gründer mehrerer Start-ups, erfuhr am eigenen Leib, wie es sich anfühlt, mit nur sehr wenig Kapital eine Firma zu gründen. Schnell stellte er fest, dass die „Time to Market", also jene Zeitspanne, bis ein Produkt auf den Markt kommt und Geld in die Kassen spült, nicht zu lang sein darf. Folglich entschloss er sich in iterativen Schleifen zu arbeiten. Das heißt, er entwickelte ein Produkt und brachte es erst halbfertig auf den Markt. Gleichzeitig sammelte er in Form qualitativer Interviews Kundenfeedback, um das Produkt weiter zu verbessern und um in die nächste Version das Feedback bereits einfließen zu lassen. Die gesammelten Erkenntnisse wurden also in einem Produkt-Update (Product Increment) umgesetzt, das Team durchlief einen fortwährenden *Build-Measure-Learn-Zyklus* (siehe hierzu Abb. 2.10), das heißt:

1. Prototyping als Minimal Viable Product (MVP): Starten bzw. Weitermachen (= Build)
2. Teilergebnisse betrachten und Kunden- bzw. Nutzerfeedback sammeln (= Measure)
3. Anpassungen vornehmen aufgrund von (neuen) Erkenntnissen (= Learn).

Statt einer langen Konzipierungszeit wird ohne Zeitverzögerung direkt gestartet, der Prozess des kontinuierlichen Prototypings konnte unverzüglich beginnen. Eine solche Vorgehensweise hat den Riesenvorteil, dass man anfangs keine Zeit verliert, sondern unverzüglich loslegen kann; Schwachstellen werden Step by Step nachgebessert. Parallel können die Entwicklungen auf den Markt beobachtet werden. Sollten Markttrends, Branchenentwicklungen, gesetzliche Regelungen oder andere Veränderungen Einfluss auf das Produkt nehmen, kann im laufenden Prozess direkt darauf reagiert werden. Eric Ries bezeichnet diese bahnbrechenden Veränderungen als sogenannte Pivots. Ein Beispiel für Lean-Start-up ist der Schuhhändler „Zappos.com" – der amerikanische Gründer Tony Hsieh war sich im Jahre 1998 zunächst unsicher, ob ein Schuhverkauf im Internet möglich sei. Um durch ein eigenes Lager nicht ins Risiko zu gehen, fotografierte er Schuhe in den umliegenden Schuhgeschäften und stellte die Bilder ins Internet ein. Sobald ein Kunde ein paar Schuhe bestellte, kaufte er sie im Schuhgeschäft nebenan und versendete sie mit entsprechendem Aufschlag.

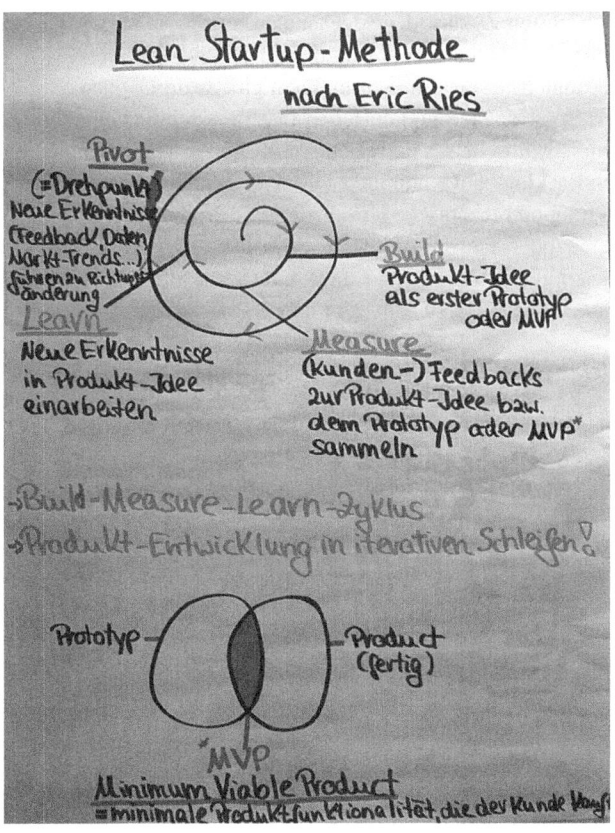

Abb. 2.10 Lean-Start-up

2.4 Scrum

Scrum stammt aus dem Amerikanischen für „das Gedränge", wie es beim Rugby-Sport in bestimmten Spielsituationen vorkommt. Es versteht sich als eine Methode der Agile-Bewegung, die eine dynamische Antwort auf starres Projektmanagement darstellt. Der Grundgedanke: Viele moderne Entwicklungsprozesse sind viel zu komplex, um sie in jedem Detail exakt durchplanen zu können. Zwischenschritte und -ergebnisse sind daher unumgänglich; anhand derer lassen sich mögliche Lösungen effizienter ableiten als durch eine abstrakte, unflexible Step-by-Step-Planung. In diesem Verständnis wird ein Detailplan immer nur für den jeweils nächsten Zyklus, den sogenannten Sprint, erstellt. Alles ist in Phasen gegliedert, die alle voneinander abhängig sind.

Wie funktioniert Scrum? Im Scrum-Team gibt es drei Rollen: *erstens* den Product Owner; er ist das Verbindungsglied bzw. die Schnittstelle zum Kunden. Er trägt die Kundenwünsche vor und erläutert sie. Im Anschluss daran werden sie ins sogenannte „Backlog" aufgenommen; *zweitens* das Development Team; es ist für die Entwicklung und technische Umsetzung des Produkts zuständig; *drittens* den Scrum Master (oder auch Agile Coach genannt); er ist Ansprechpartner für das Team, orchestriert den Prozess und sorgt dafür, dass alle fokussiert und ungestört arbeiten können (siehe hierzu Abb. 2.11 und 2.12).

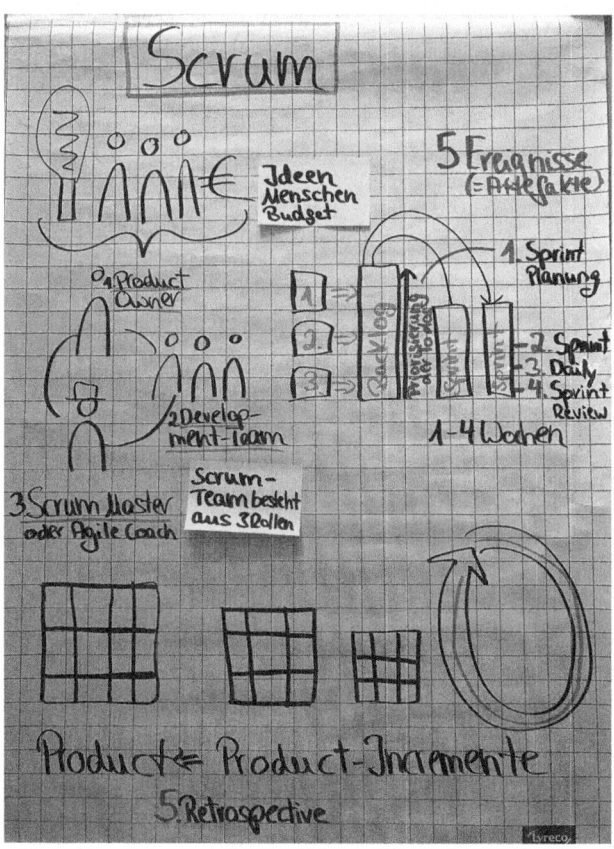

Abb. 2.11 Scrum

Abb. 2.12 Scrum Retrospective

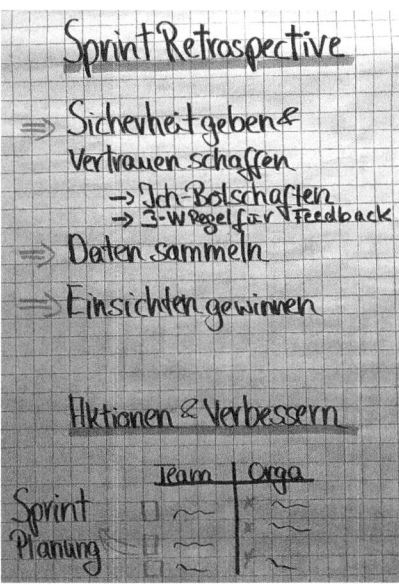

Einer der ersten Global Player, der so vorging, war das japanische Optikunternehmen *Canon* mit Sitz in Tokio. Bauteile wurden noch während der Produktion überprüft und Fehler sofort behoben, bevor es zum nächsten Produktionsschritt weiterging. Auch im modernen Projektmanagement hat diese Vorgehensweise wegen des dynamisch-flexiblen Ansatzes enorme Vorteile. Im Laufe des Prozesses findet ein kontinuierliches Feedback nach jedem Sprint statt. So kann die Weiterentwicklung des Produkts und des Teams zum Ende des Projekts sichergestellt werden.

Ich selbst habe jahrelang in Scrum-Teams als Produkt Owner – und damit Schnittstelle von HR-Themen/Projekten – zum Scrum-Team gearbeitet. Mitarbeiter, die über längere Zeit daran gewöhnt sind, sich gegenseitig inhaltlich und persönlich Feedback zu geben, beherrschen das nach einiger Zeit auf eine sehr natürliche Weise gemäß den Feedback-Regeln (siehe Abb. 5.5). Besonders in Teams, die in sogenannten Mischformen arbeiten – also sowohl mit klassischer Führung als auch in agiler Scrum-Methode –, habe ich eine erstaunliche Verbesserung der Feedback- und Vertrauenskultur wahrgenommen. Auf dieser Grundlage konnte sich das gesamte Unternehmen gut entwickeln. Bei Mitarbeiterversammlungen in nach agilen Methoden arbeitenden Teams stockte mir regelmäßig der Atem, wenn Mitarbeiter sehr deutliches und kritisches Feedback in Richtung Geschäftsführung richteten. In hierarchisch geführten Strukturen hätten sich diese Mitarbeiter am nächsten Tag ihre Papiere abholen können bzw. die Beziehung wäre dauerhaft gestört gewesen. Im agilen Arbeitsumfeld wurden die kritischen Punkte offen auf den Tisch gebracht, diskutiert, eine Lösung vereinbart … und weiterbearbeitet.

2.5 Kanban

Kanban war ursprünglich eine Methode zur Produktionssteuerung in der Fließbandfertigung. Entwickelt wurde sie 1947 von dem Logistikexperten Taiichi Ohno für den Produktionsprozess von Toyota Motors. In der Automobilindustrie funktionieren Abläufe seit jeher stets nach dem Hol-, Zufuhr-, Pull-Prinzip, das heißt: Benötigte Autoteile wurden (und werden) Just in Time" für den jeweiligen Produktionsprozess geliefert.

Kanban, was (aus dem Japanischen) übersetzt so viel wie „Karte, Tafel, Beleg" bedeutet, steht damit für einen streng strukturierten transparenten Ablauf. Bei Toyota wurde somit mithilfe speziell gefertigter Karten, sogenannten Kanbantafeln, der Materialfluss in Produktionsabläufen optisch gut nachvollziehbar dargestellt.

Bei den agilen Arbeitsweisen hat man sich dieses Vorgehen nun zunutze gemacht und verwendet das Kanban-Board (siehe hierzu Abb. 2.13), um Projekte und Aufgaben ganz allgemein zu dokumentieren und übersichtlich darzustellen.

Eine typische Darstellung ist die Unterscheidung in vier bis fünf aufeinander folgende Projektschritte („Review" wird teilweise weggelassen!), als da wären:

1. Backlog: sämtliche noch zu bearbeitende Aufgaben – aufgelistet und priorisiert
2. To do: im nächsten Schritt zu bearbeitende Aufgaben
3. Wip = Work in Progress: Aufgaben, die gerade in Bearbeitung sind
4. Review: Aufgaben die gerade überarbeitet oder überprüft werden
5. Done: bereits erledigte Aufgaben

Abb. 2.13 Kanban-Board

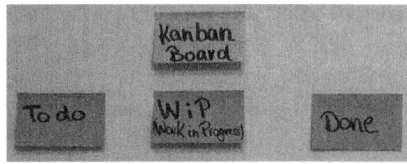

2.5 Kanban

Abb. 2.14 Kanban Beispiel

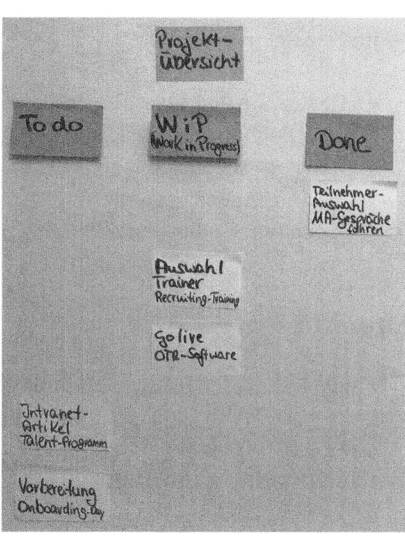

Die einzelnen Aufgaben werden dem entsprechenden Projektschritt sowie definierten zuständigen Personen zugeordnet und die Karten bei Fortschritt entsprechend verschoben.

Die Darstellung kann sowohl analog über Post-it-Zettel (siehe hierzu Abb. 2.14) als auch digital mittels einer entsprechenden Software, wie z. B. Trello, Jira, Monday oder Asansa, erfolgen. Viele Softwarehersteller bieten inzwischen neben einer Desktopversion auch eine App an.

Wichtig
Das Kanban-Board muss stets für alle Projektmitglieder zugänglich sein. Gerade bei virtuellen Teams an unterschiedlichen Standorten empfiehlt sich daher unbedingt die digitale Version.

Schon zu meiner Zeit als Personalleiterin habe ich wegen der damit verbundenen Visualisierung gerne mit dem Kanban-Board gearbeitet – so war immer transparent, an welchen Themen wer im Team gerade arbeitete; in Teammeetings war es fester Bestandteil und machte beispielsweise zeitintensive Urlaubsübergaben wegen der dauerhaft geschaffenen Transparenz nahezu überflüssig. Auch wurden durch das Board Gesamtzusammenhänge klarer. Heute in meiner selbstständigen Trainertätigkeit ist es als App-Version mein ständiger Begleiter, da ich es auch unterwegs jederzeit aktualisieren kann.

> **Ihr Transfer in die Praxis**

- Heften Sie drei Post-it's (To do, WIP = Work in progress, Done) mit einer aktuellen Projektübersicht an die Wand neben Ihrem Schreibtisch!
- Nehmen Sie den Punkt „Feedback/Lessons learned" fest in Ihre Teammeeting-Agenda auf!
- Probieren Sie die Gratisversion von „Trello" aus!

Literatur

1. www.youtube.de, „IDEO Shopping Cart Project"

Weiterführende Literatur

Clark, Tim u. a., Business Models für Teams: So sehen Sie, wie Ihr Unternehmen wirklich funktioniert und jedes Mitglied zum Erfolg beiträgt, Campus-Verlag, Frankfurt-New York 216

Eisenberg, Florian, Kanban – mehr als Zettel. Wie die Methode Ihnen zu echtem Mehrwert verhilft, Carl Hanser-Verlag, München 2018.

Gloger, Dieter, Das Scrum-Prinzip: Agile Organisationen aufbauen und gestalten, Verlag Schäffer Pöschel, Stuttgart 2018.

Gürtler, Jochen/Meyer, Johannes, Design Thinking (= Reihe „30 Minuten"), Gabal-Verlag, Offenbach 2015.

Heimrath, Markus, Agiles Projektmanagement, Scrum für Einsteiger, o. O. 2018.

Kelley, Tom: Kreativität und Selbstvertrauen: der Schlüssel zu Ihrem Kreativitätsbewusstsein. Verlag Hermann Schmidt, Mainz 2014.

Knapp, Jake (u.a.), Wie man in nur fünf Tagen neue Ideen testet und Probleme löst, Redline-Verlag, München 2017.

Leopold, Klaus, Kanban in der Praxis. Vom Teamfokus zur Wertschöpfung, Carl Hanser-Verlag, München 2016.

Osterwalder, Alexander/Pigneur, Yves, Business Model Generation. Ein Handbuch für Visionäre, Spielveränderer und Herausforderer, Campus-Verlag, Frankfurt-New York 2017.

Preußig, Jörg, Agiles Projektmanagement. Scrum, Use Cases, Task Boards & Co. (= Reihe Taschen-Guide), Planegg/München 2016.

Ries, Eric, The Lean Startup. How Today's Entrepreneurs Use Continuous Innovation Tp Create Radically Successful Businesses, Verlag Random House, New York 2017.

Seitz, Andreas, „Stoppt den Agilitätswahn!", in: Manager-Magazin, 17.07.2017 http://www.manager-magazin.de/unternehmen/karriere/agilitaet-warum-der-management-hype-zu-kurz-greift-a-1157342.html

Sutherland, Jeff, Scum. The Art of Doing Twice the Work in Half the Time, Currency, 2014.

Sutherland, Jeff/Haas, Jan W., Die Scrum-Revolution. Management mit der bahnbrechenden Methode der erfolgreichsten Unternehmen, Campus-Verlag, Frankfurt 2015.

www.startupbusinessmodel.com

Der Mitarbeiter der Zukunft – fachliche und persönliche Kompetenzen 3

> **Was Sie aus diesem Kapitel mitnehmen**
>
> - Wie Recruiting im agilen Kontext aussieht
> - Wie sich der Mitarbeiter der Zukunft selbst motiviert und führt
> - Warum (zukünftige) Mitarbeiter idealerweise Fachexperten und Generalisten zugleich sind
> - Was „T-shaped" für Sie als Personaler bedeutet

Was bereits klar geworden sein sollte: Agilität ist – sofern nicht konkrete Kanban- oder Scrum-Vorgehensmodelle gemeint sind – nichts, was sich von außen über Personalentwicklungsmaßnahmen einfach so einpflanzen bzw. von oben überstülpen ließe, sondern vielmehr eine Werthaltung; diese erfordert eine Abkehr von Schwarz-Weiß-Denken, sodass Gemeinschaftsinteressen im Fokus stehen. Auf den Punkt gebracht: egozentrisch wandelt sich zu teamzentriert. HR kommt hierbei eine sehr große Verantwortung zu.

▶ Lisa Teutsch, Leiterin Personalmarketing & Personalentwicklung bei der Münchener Bavaria Film GmbH: „Die Medienbranche befindet sich wie viele andere Branchen im extremen Wandel. Gerade in dieser Phase ist es für uns als Arbeitgeber essenziell, Talente für uns zu gewinnen, die einerseits zu unserer Kultur passen und andererseits bestehende Trends und Innovationen der Zukunft aufnehmen und in unser Business transportieren bzw. übersetzen können. Die gesamte HR-Abteilung hat heute sowohl die Verantwortung als auch das Privileg, maßgeblich am Unternehmenserfolg mitarbeiten zu können."

3.1 Recruiting im agilen Kontext

Das Thema Recruiting hat sich durch die Verschiebung vom Arbeitgeber- hin zu einem Arbeitnehmermarkt in der agilen Unternehmenswelt extrem verändert. Weil hier nicht mehr nur der Chef alleine führt und exklusiv neue Mitarbeiter einstellt, ist in diesem neuen kollegialen Führungsverständnis das komplette Team bei der Einstellung neuer Mitarbeiter involviert und entscheidet auch darüber mit („Mitarbeiter suchen Mitarbeiter aus!"), der Chef hat lediglich ein Vetorecht – deshalb brauchen alle ein Basiswissen über Recruiting.

Wodurch unterscheidet sich agiles Recruiting vom klassischen Recruiting? Es fängt schon bei der Stellenanzeige an. Der Schwerpunkt liegt in der agilen Businesswelt nicht mehr so stark bei der exakt vordefinierten fachlichen Qualifikation des Bewerbers (z. B. spezielles Studium, Berufserfahrung, Sprach- und EDV-Kenntnisse), sondern verlagert sich hin zu persönlichen Merkmalen, als da wären: Wofür brennt der Bewerber? Woraus zieht er seine innere Motivation („persönliches Why"!)? Wie ist es um seine emotionale Intelligenz bestellt? (Letztere lässt sich durch standardisierte Testverfahren sowie mittels Beobachtung, Beschreibung und Bewertung klären bzw. bestimmen.) Dies alles stellt eine 180-Grad-Wendung im Auswahlverfahren dar.

Inzwischen gibt es beinahe standardmäßig vorab ein etwa dreißigminütiges Telefoninterview mit potenziellen Bewerbern, bei dem vor allem der „Cultural Fit" abgecheckt wird, sprich: eine Übereinstimmung der Arbeitsweisen und -werte. Natürlich werden hierbei auch weiterhin Hard Skills abgefragt, sie sind jedoch gegenüber Soft Skills zweitrangig bewertet.

Im weiteren Recruitingprozess gibt es mehrere Treffen. Das erste dient rein dem Kennenlernen im Team. Die Herausforderung dabei besteht darin, herauszufinden, ob der Bewerber das agile Gen in sich trägt, sprich: flexibel ist, offen auf Neues zugeht, ständig an der eigenen Entwicklung arbeiten möchte und bereit ist, sich in wechselnden Projektteams einzubringen.

> **Praxisbeispiel Assessment-Center nach agilen Maßstäben bei einem bekannten großen Versand- und Bekleidungsunternehmen**
> Das Assessment-Center klassischer Prägung hat sich in der agilen Welt überlebt. Um den Fit zum Team und die kulturelle Passung zum Unternehmen abzuchecken, bedarf es komplett neuer Wege sowie neuer Elemente.
> Gesucht wurde in diesem Fall ein Mitarbeiter für den Vertrieb.

Ein wesentlicher Unterschied bestand schon in der „Jury"-Besetzung bzw. der Beobachter. Diese war heterogen besetzt mit dem Geschäftsführer, zwei potenziellen Kollegen, einer Kollegin aus dem zentralen Marketing (einem Schnittstellenbereich), einer Führungskraft aus der Produktion (ein komplett anderer Bereich) sowie einem externen Berater und der Transformation Managerin (in manchen Unternehmen auch Change Agent genannt).

Der externe Berater war als „Facilitator" für die Einhaltung des Ablaufs zuständig. Seine Aufgabe bestand darin, durch den Tag zu moderieren und Fragen zu beantworten. Außerdem hatte er als „Time-Keeper" dafür zu sorgen, dass die zeitlich vorgegebenen Abläufe eingehalten wurden. Der Fokus der Transformation-Managerin (treibt die digitale Transformation des Unternehmens voran und verantwortet den Prozess) lag im Besonderen auf der (zukünftigen) persönlichen Passung des Bewerbers zum Unternehmen.

> **Die 3 häufigsten Einstellungsfehler bei der klassischen (!) Stellensuche bzw. -besetzung**
>
> 1. Es werden ausschließlich solche Mitarbeiter eingestellt, die exakt die gleichen Hard Skills und Soft Skills mitbringen wie der/die Vorgänger/in.
> 2. Die mögliche künftige Unternehmensentwicklung und das dafür erforderliche Skill Set des Bewerbers werden weitgehend außen vor gelassen.
> 3. Führungskräfte suchen sich Mitarbeiter nach persönlichen Präferenzen wie Sympathie und Ähnlichkeit zur eigenen Person aus.

Der erste Part eines jeden Assessment-Centers, die Selbstpräsentation der eingeladenen Bewerber, bezog sich im Gegensatz zur klassischen Variante hier nicht ausschließlich auf die Darstellung der Vita, sondern war erweitert um folgende Fragen bzw. Aufgabenstellungen:

Zeige uns dein „Why", sprich: Was treibt dich an, worin siehst du deinen beruflichen Sinn?

Wie passen unsere Unternehmenswerte zu dir persönlich? Und umgekehrt: Wie passt deine Persönlichkeit zu uns?

Die hier zu beobachtenden Performanzkompetenzen waren: Inhalt, Nachvollziehbarkeit, Struktur, Logik, Stringenz sowie Präsentations-Skills (verbal, nonverbal, paraverbal) – also auch Rhetorik, Stimme, Intonation sowie die äußere Erscheinung.

Traditionell besteht der zweite Teil bei Assessment-Centern aus einer Gruppenarbeit der Kandidaten untereinander. Dieses Muster wurde komplett durchbrochen. Drei Kandidaten und drei Mitarbeiter des Unternehmen arbeiteten wie Kollegen zusammen an einem gemeinsamen Case: *Wie sieht für uns der Bekleidungsvertrieb der Zukunft aus? Worin bestehen Chancen und Risiken? Welche Initiativen sind am meisten erfolgsversprechend? (siehe hierzu* Abb. 3.1).

So konnten sowohl die Kandidaten als auch die Mitarbeiter die Zusammenarbeit live testen.

Die hier zu beobachtenden Kompetenzen waren: Teamfähigkeit, Lösungsorientierung (beide besonders wichtig), positive Grundeinstellung, Haltung zu unterschiedlichen Meinungen/Aushalten von „Reibung", Durchsetzungsvermögen.

Da das Unternehmen eine intensive, offene Feedbackkultur pflegt, wurden die Teilnehmer im direkten Anschluss aufgefordert, sich *gegenseitig* Feedback nach den üblichen Regeln (diese wurden kurz wiederholt!) zu geben.

Die 3W-Regel für Feedback: Wahrnehmung – Wirkung – Wunsch

- Wahrnehmung: z. B. „Ich habe wahrgenommen, dass du … (bei der Präsentation die Arme sehr stark bewegt hast)".
- Wirkung: z. B. „Das hat auch mich … (unruhig/nervös/hektisch/unsicher) gewirkt."
- Wunsch: z. B. „Mein Wunsch/Mein Tipp/Meine Empfehlung wäre … (die Armbewegungen bei einem Vortrag zu reduzieren)".

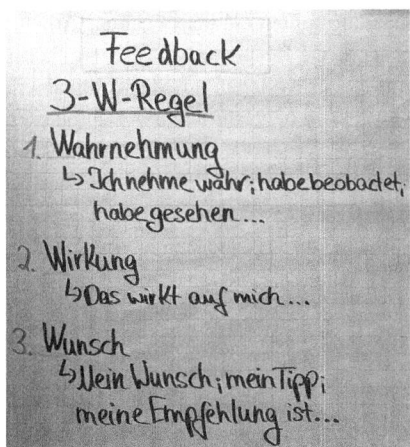

Abb. 3.1 Flipchart 3W-Regel

All das war neu und ungewohnt, da in der klassischen Variante das Feedback ausschließlich vonseiten der Beobachter an die Teilnehmer in Einzelgesprächen erfolgt.

Der dritte und letzte Part war das persönliche Gespräch – hier allerdings nicht, wie in der klassischen Variante üblich, zwischen Führungskraft und Mitarbeiter, sondern als konstruktives Kritikgespräch unter (potenziellen) Kollegen, da ein solches Gespräch in flachen, agilen Hierarchien viel üblicher – und von daher relevanter – ist. Die hier zu beobachtenden Kompetenzen waren: *Werthaltungen, Eigenverantwortung, Konfliktfähigkeit (im positiven Sinne), Zielorientierung, respektvolles Verhalten.*

Briefing für den Assessment-Center-Kandidaten
„Im morgendlichen Stand-up-Meeting hast du in den letzten beiden Wochen mehrfach um Unterstützung für dein Projekt ‚Relaunch Firmen-Homepage' gebeten. Speziell der Support eines Grafikexperten wäre für dich hilfreich, da der Grafiker aus deinem Development-Team sich beim Skifahren das Bein gebrochen hat und nun für drei Wochen ausfällt. Die Geschäftsführung hat im Sinne eines professionellen Außenauftritts bzw. der Gewinnung von Neukunden die zeitnahe Fertigstellung der überarbeiteten Homepage beauftragt. Auch wurdest du als Product Owner schon mehrfach vom Vertriebsgeschäftsführer angesprochen.

Nach deiner Einschätzung sollten ein bis zwei Tage Arbeitsaufwand zum Fertigstellen reichen. Da bisher keine Resonanz von den Grafikern kam, beschließt du, selbst das Gespräch mit einem Kollegen aus der Grafikabteilung zu suchen. Dein Ziel ist es, ihn für das Projekt zu begeistern und ihn für dein Projekt zu gewinnen.

Hintergrund-Info Du hast keinen disziplinarischen Durchgriff auf den Grafik-Kollegen.

Bereite dich 15 Minuten auf das Gespräch vor – das persönliche Gespräch selbst dauert maximal 15 Minuten."

Briefing für den Grafik-Kollegen

„Der Product-Owner des Projekts „Relaunch Homepage" bittet nun schon seit einigen Wochen um Unterstützung bei seinem Projekt, da sein Grafiker krankheitsbedingt ausfällt. Du kannst dir schon vorstellen, ihn zu supporten. Das Projekt selber findest du grundsätzlich spannend. Allerdings hat er eine sehr fordernde und wenig wertschätzende Art, die dich regelmäßig auf die Palme bringt. Du hast beobachtet, wie er das Development-Team unter Druck setzt und dem verantwortlichen Agile Coach mit abweichenden Ansagen in die Parade fährt. Nun hat er dich persönlich angesprochen und um einen Austausch beim Kaffee gebeten. Du vermutest dahinter die konkrete Absicht, dich um Hilfe bei der Fertigstellung seines Projekts zu bitten. Dir ist klar: Die Zusammenarbeit kann nur klappen, wenn du ihn auf sein unangemessenes Verhalten offen und sachlich ansprichst."

Die Beobachter waren aufgefordert, sich im Besonderen auf die persönliche Kompetenzen *Empathie, emotionale Intelligenz, Haltung und effektive Zielorientierung* zu fokussieren.

Direkt im Anschluss an das Gespräch schilderte der Kandidat seine Wahrnehmung aus dem Kollegen-Gespräch; ebenso taten dies der Kollege und zum Abschluss die Beobachter –, und zwar nach den Regeln „Verhalten beobachten", „Verhalten beschreiben" und „Verhalten bewerten".

Bei der (abschließenden) Beobachterkonferenz besprach sich die Jury intern über jeden einzelnen Kandidaten anhand der zu beobachtenden Kompetenzen.

Am Schluss nach der Beobachterkonferenz sollte jeder einzelne Kandidat anhand konkreter Impulsfragen direkt einbezogen werden (z. B. „Wie haben Sie es empfunden? Wie können wir den Auswahltag aus Ihrer Sicht noch verbessern?" – *keine Entscheidungsfragen!*), um ihm besondere Wertschätzung zu vermitteln und die Beziehung von Anfang an positiv zu prägen. Hinzu kommt: Bewerber sind Multiplikatoren. Sie berichten in ihrem Umfeld (z. B. Universität, bei Wettbewerbern), und damit in für das Unternehmen relevanten Zielgruppen von ihren Erlebnissen im Auswahlprozess – www.kununu.de lässt grüßen. Ist ein Shitstorm in sozialen Medien erst einmal losgetreten, bedeutet das immer eine

Tab. 3.1 Klassisches versus agiles Assessment-Center

Elemente	Klassisches Assessment-Center	Agiles Assessment-Center
Besetzung der „Jury"/Beobachter	1–2 Führungskräfte aus dem entsprechenden Fachbereich Vertreter des HR-Managements	1–2 Führungskräfte aus verschiedenen Fachbereichen Vertreter des HR-Managements 2 potenzielle Kollegen 1 Transformation- Manager/in ggfs. 1 externer Berater
Selbstpräsentation	Darstellung der Vita	Darstellung der Vita, ergänzt um Aufgabenstellung: • Verrate uns dein „Why"! • Was treibt dich an? • Worin siehst du deinen beruflichen Sinn? • Wie passen unsere Unternehmenswerte zu dir persönlich (und umgekehrt)?
Gruppenarbeit	Gruppenarbeit der Kandidaten untereinander anhand eines Falles; anschließende Selbstreflexion	Kandidaten und drei Mitarbeiter aus dem Unternehmen arbeiteten zusammen an einem gemeinsamen Case; anschließend *gegenseitiges* Feedback in der Gruppe
Gespräch	Gespräch zwischen Führungskraft und Mitarbeiter; Selbstreflexion	Abschließendes Kritikgespräch unter (potenziellen) Kollegen; Selbstreflexion
Feedback	Beobachterkonferenz mit anschließendem einseitigem Feedback durch den Sprecher	Wechselseitige Feedbackrunde von beiden Seiten (gleichberechtigt) – Einbeziehung des Kandidaten anhand konkreter Impulsfragen

erhebliche Schädigung des Arbeitgeberimages; sämtliche Maßnahmen zur Stärkung des Employer Branding können so schlimmstenfalls in kurzer Zeit zunichte gemacht werden (Tab. 3.1).

Die richtigen Mitarbeiter zu finden, ist heute für Unternehmen erfolgskritischer denn je. Fehlbesetzungen belasten die Kapazitäten der Belegschaft, kosten allen Beteiligten (Führungskraft, HR, externe Dienstleister) Zeit und Nerven und – das ist am ärgerlichsten – sie bremsen die Zukunftsfähigkeit und Innovationskraft des Unternehmens. Nach meinen Erfahrungen entscheiden heute nicht mehr funktionierende Standardprozesse über Wettbewerbsfähigkeit, sondern Mitarbeiter mit passenden, innovativen Ideen für das zukünftige Business, die verhindern, dass der Wettbewerber schneller ist.

10 goldene Recruitingregeln („Recruiting für alle") – die folgenden Punkte enthalten rund achtzig % des Wissens über Recruiting

1. Bauen Sie Vertrauen zum Bewerber auf und kommunizieren Sie Erwartungen klar. Ermitteln Sie hierfür Schwachstellen der zu besetzenden Position und sprechen Sie diese im Einstellungsprozess offen an – schaffen Sie ein realistisches Bild von der Position und vom Unternehmen.
2. Stellen Sie im Gesprächsprozess immer nur eine (!) Frage, vermeiden Sie „Schachtel-Fragen".
3. Notieren Sie unbedingt parallel mit – nur so stellen Sie eine Vergleichbarkeit der Aussagen und Antworten der Interessenten sicher.
4. Sorgen Sie für größtmögliche Transparenz und Vergleichbarkeit, indem Sie allen Interessenten die gleichen Fragen stellen.
5. Schaffen Sie ein Bewusstsein für ihre eigenen, subjektiven „Schubladen" und mögliche individuelle Beobachtungsfehler – das ermöglicht letztlich eine größere Objektivität beim Auswahlprozess.
6. Halten Sie Gesprächspausen aus, geben Sie Bewerbern Zeit zum Denken! Sind die Fragen gut, braucht der Bewerber etwas Zeit, darüber nachzudenken. Wie heißt es so schön: „Reden ist Silber, Schweigen Gold".
7. Lassen Sie Interessenten stets ausreden, hören Sie dabei aktiv zu. Achten Sie darauf, was für den Bewerber wichtig ist … und überlegen Sie, ob Ihr Unternehmen diesen Ansprüchen genügen wird (Stichwort „user centricity"). Ansonsten wird es nicht dauerhaft matchen, womit letztlich keiner Seite gedient ist.
8. Trauen Sie sich nachzufragen, wenn Dinge unklar geblieben sind oder etwas nicht verstanden wurde. Nur so können Sie sicherstellen, dass keine Missverständnisse entstehen und der Bewerber mit der besten Passung ausgewählt wird.
9. Denken Sie zukunftsorientiert! Wie wird sich Ihr Unternehmen in den nächsten Jahren entwickeln? Welche Kompetenzen benötigen Sie im Team für die Bewältigung der zukünftigen Aufgaben?
10. Verfahren Sie stets nach der Maxime: „Erstklassige suchen sich Erstklassige, Zweitklassige suchen sich Drittklassige!" – Geben Sie sich im Interesse des Unternehmenserfolgs nicht mit Mittelmaß zufrieden. Ist im ersten Prozess kein passender Bewerber dabei, stellen Sie keinen „Kompromisskandidaten" ein, sondern reflektieren selbstkritisch den gesamten Prozess; eventuell müssen auch die Recruitingkanäle überdacht oder komplett neue Wege gegangen werden (z. B. Veränderungen in der Organisation).

Exkurs: Robotic Process Automation (RPA)
Im Bereich „Robotic Process Automation (RPA)" bieten inzwischen erste Dienstleister softwarebasierte Lösungen an, die anhand vordefinierter Parameter wiederkehrende HR-Standardaufgaben beispielsweise im Sinne von Recruitingprozessen kollaborativ abarbeiten; hierbei werden menschliche Nutzer imitiert. Solche Systeme sollen zudem in der Lage sein, ganze HR-Prozesse zu digitalisieren bzw. outzusourcen. In Zukunft werden diese intelligenten, selbstorganisierenden Digitalsysteme, deren Produktivitätspotenziale unbestritten sind, immer mehr Bereiche unseres Lebens beeinflussen.

Persönlich sehe ich viele Chancen und vor allem eine große Zeitersparnis bei zu bearbeitenden HR-Standardprozessen, wie z. B. Vertragserstellung, Gehaltseingruppierungen, Zeugniserstellung, wiederkehrenden Standardschreiben. Dies vermag zeitliche Freiräume zu schaffen, die für das Unternehmen sinnstiftend eingesetzt werden könnten. Außerdem lassen sich durch diese Unterstützung HR-Dienstleistungen für Führungskräfte und Mitarbeiter deutlich verbessern. Dennoch gibt es auch Grenzen: Personalarbeit hat immer mit Menschen zu tun, und diese sind nicht standardisierbar. Das Tagesgeschäft, das ganz viel mit Face-to-face-Kommunikation und Visbilität zu tun hat, kann nicht von Robotern – und seien sie noch so raffiniert programmiert – übernommen werden, dies wäre der völlig falsche Ansatz. Generell gilt für mich der Grundsatz: so viel Standard wie möglich, so viele Abweichungen wie nötig.

3.2 „T-shaped-Individuum": Experte und Generalist zugleich

Häufig ist im Zusammenhang mit agilen Arbeitsweisen vom „T-shaped-Individuum" als dem idealen Mitarbeiter der Zukunft die Rede. Was verbirgt sich hinter diesem Terminus?

Ganz einfach: Das „T" besteht aus einer horizontalen und einer vertikalen Linie; diese wiederum stehen symbolisch für zwei grundlegende Kompetenzen. Die horizontale, in die Breite verlaufende Linie bezeichnet Generalisten- bzw. Orientierungswissen, die vertikale, in die Tiefe verlaufende Linie stellt Fachexpertenwissen in einem bestimmten Bereich dar. So wie beim Buchstaben „T" beide Linien aufeinander bezogen sind, sollen auch beim idealen Mitarbeiter diese beiden Achsen mit- und ineinander verschmelzen: vertieftes Fachwissen in einem Sektor kombiniert mit (möglichst breit gefächertem) Orientierungswissen. Anders gesagt: Im agilen Kontext reicht es für Mitarbeiter nicht mehr, nur Fachexperte in einem bestimmten Bereich zu sein (z. B. ausschließlich

Einzelkämpfer-Programmierer für Java Script und C++), weil dieser nicht mehr separat betrachtet werden kann, sondern Schnittstellenwissen erfordert; dieser Programmierer benötigt in einem modernen Scrum-Team in jedem Fall auch generalistische (Basis-)Kompetenzen, beispielsweise Kommunikationsfähigkeit und Konfliktmanagement.

Um im Beispiel zu bleiben: Nun sind gerade IT-Nerds aufgrund ihrer Persönlichkeitsstruktur in den seltensten Beispielen auch noch Kommunikationstalente. Was also tun in einem solchen Fall?

Glücklicherweise gibt es in Scrum-Teams Kommunikationsformate, die von den Scrum-Mastern/Agile Coaches gesteuert werden. In sogenannten Sprint-Reviews (turnusmäßig alle ein bis vier Wochen nach jedem Sprint) wird ein fachlicher, teamdynamischer und persönlicher Rückblick gehalten. Dabei wird jeder automatisch regelmäßig in ein Kommunikationskonzept „gezwungen". Ganz wichtig dabei: Der Agile Coach soll konsequent wertschätzend-lobend auch stille Mitarbeiter zum Reden bringen, sodass auch diese lernen, ihre Kommunikationskompetenzen peu à peu auszubauen. Sich gegenseitig Rückmeldung zu geben, prägt auch die Kultur innerhalb des Teams.

Was heißt das Übertragen auf das T-shaped-Individuum (siehe hierzu Abb. 3.2) im Personalbereich? Jeder HR-Manager weiß schon seit Dave Ulrich [1] bzw.

Abb. 3.2 T-shaped Individuum

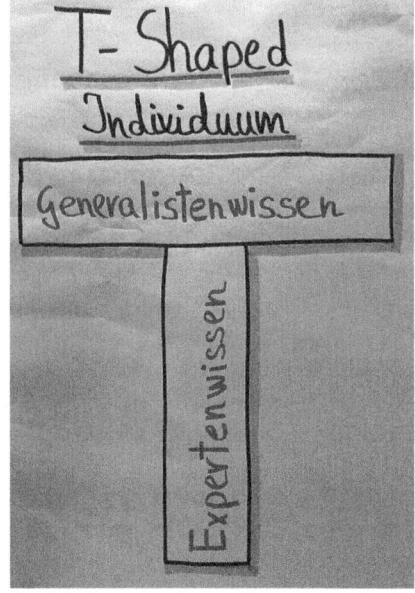

seitdem das Business-Partner-Modell in vielen Unternehmen eingeführt wurde, dass es für den Personalbereich überlebensnotwendig ist, das eigene Geschäftsmodell bzw. die Branche (z. B. Versicherung, Medien, Banken) komplett zu durchdringen, KPIs (= Key performance indicators, „Keyperformance-Indikatoren", also Unternehmenskennzahlen) und Trends zu kennen bzw. über Wettbewerber Bescheid zu wissen.

Und jetzt in der VUCA-Welt findet die nächste Evolutionsstufe statt: Nun geht es darum, sich auch außerhalb des Unternehmens zu orientieren – und damit sind nicht nur Fachmessen gemeint, sondern auch themenbezogene Netzwerke mit Personalexperten aus komplett fachfremden Branchen zu gründen, um Themen aus verschiedenen Perspektiven zu beleuchten.

Daraus wird ersichtlich, dass es für einen modernen Personaler schon lange nicht mehr ausreichen kann, immer wieder neues Fachwissen anzuhäufen, sondern er muss – viel mehr als bisher erforderlich – proaktiv auf andere zugehen, Bestehendes hinterfragen, Konzepte (mit)entwickeln und sich mit heterogenen Teams innerhalb und außerhalb seines Unternehmens austauschen. Nur so kann er letztlich erfolgreiche Personalarbeit betreiben, sprich: einen wirklichen messbaren Mehrwert für sein Unternehmen generieren.

Wie nun beweist der Personaler, dass er „T-shaped" ist? Das folgende Praxisbeispiel mag dies veranschaulichen.

Praxisbeispiel – Einführung einer Recruiting-Software
Anhand der Einführung einer Recruiting-Software lässt sich der Unterschied zwischen herkömmlicher und T-shaped-basierter Personalarbeit besonders schön verdeutlichen:

Während ein „normaler" Personaler eher so vorgeht, dass er beispielsweise die drei bekanntesten Anbieter deren Software vorstellen bzw. pitchen lässt, hat der T-shaped-Personaler einen deutlich aktiveren Ansatz. Er informiert sich breiter, bewegt sich aus seiner Komfortzone heraus, bespricht sich mit Führungskräften und Multiplikatoren im eigenen Unternehmen, mit HR'lern und Führungskräften aus anderen Unternehmen seines Netzwerkes sowie mit potenziellen Bewerbern … und verschafft sich auf diese Weise einen Informationsvorsprung: Daten und Wissen, welches er bislang nicht hatte. Vielleicht wird er Mitglied in verschiedenen Social-Media-Gruppen rund um das Thema Recruiting (z. B. auf „meetup.com", einer gigantischen Netzwerkplattform), tauscht sich über anderen Kanäle (z. B. Xing, LinkedIn) intensiv mit Dienstleistern und Experten bzw. Freelancern aus und analysiert neue Trends, wie z. B. „Google Jobs". Auf diese Weise gelingt es ihm, aus einem breiteren Pool zu schöpfen und letztlich zu einem fundierten Ergebnis als

Gesamtkonzept zu kommen, die womöglich über eine reine Software-Lösung hinausgeht. Das alles hört sich recht zeitaufwendig an, aber diese Zeit ist letztlich hervorragend investiert. Denn wenn ich z. B. Firmen pitchen lasse oder nach einem Jahr unter Umständen wieder neu suchen muss, weil ich auf das falsche Pferd gesetzt habe, kostet das ja auch Zeit und Geld. Und vor allem bringt es das Unternehmen nicht weiter (im Gegenteil: Es wirft das Unternehmen zurück). Der T-shaped-Personaler hingegen wird zum „first mover" für ein Trendthema, er blickt über den Tellerrand hinaus, antizipiert Zukunftstrends. Vielleicht kommt man nach Abschluss der Analysen ja zu dem Ergebnis, dass eine reine Recruiting-Software für das Unternehmen überhaupt keinen Sinn (mehr) macht, weil womöglich zukünftig nur noch ein Kurzvideo (Software z. B. „Talentcube" oder „Viasto") als Bewerbung reicht. Eine solche Vorgehensweise macht – in den meisten Fällen – auch noch Spaß und kann langfristig Ressourcen sparen, weil auf diese Weise (nicht zukunftsorientierte, lediglich kurzfristig wirkende) Schnellschüsse vermieden werden.

▶ René Demin, HR Director Jochen Schweizer mydays Group, fasst es treffend so zusammen: „Die Anforderungen an Mitarbeiter in der agilen Welt verändern sich diametral. Während bisher tiefes Fachwissen im angestammten Bereich ausreichend war, ist heute und auch in Zukunft ein Generalistenwissen, also Wissen aus anderen und über andere Unternehmensbereiche, extrem wichtig. Hier sind wir als HR-Bereich gefragt, die Durchlässigkeit und crossdivisionale Vernetzung im Unternehmen zu unterstützen."

3.3 Mehr Selbstverantwortung: Vom Geführt-Werden zum Sich-selber-Führen

Mitarbeitern (mehr) Freiräume zu geben und ihnen (mehr) Verantwortung zu übertragen fällt gerade traditionell geprägten Führungskräften erfahrungsgemäß oftmals schwer. Sie sind es gewohnt, über alles Bescheid zu wissen, sprich: alles unter größtmöglicher Kontrolle zu haben. Der nächsthöhere Vorgesetzte wiederum ist es gewohnt, dass seine direkten Führungskräfte bis ins Detail den kompletten Überblick haben und jederzeit für sämtliche Nachfragen Rede und Antwort stehen können. Eine Antwort wie *Das ist das Projekt von Herrn Müller,*

3.3 Mehr Selbstverantwortung: Vom Geführt-Werden ...

da weiß ich gerade nicht Bescheid, gehen Sie doch gerne auf ihn zu wäre in einer solchen Kultur nicht vorstellbar.

In der agilen Arbeitswelt kommt eine völlig neue Haltung ins Spiel, die in der herkömmlichen Kultur undenkbar wäre: Loslassen – die wesentliche Voraussetzung, damit die agile Arbeitsweise funktionieren kann! Loslassen vom (Ein-)Fordern (= demand) und Kontrollieren (= control).

Praxisbeispiel
Vor einiger Zeit rief mich die Personalleiterin eines Münchener Produktionsunternehmens (Automobilzulieferer) mit knapp 600 Mitarbeitern an. Mit dem Juniorchef und seinen Führungskräften hatte ich schon mehrfach in den Bereichen Führungskräfteentwicklung und Changemanagement zusammengearbeitet (der Seniorchef hatte sich aus dem operativen Geschäft inzwischen fast komplett zurückgezogen!). Ich kannte den Juniorchef als innovativen Querdenker, der sein Unternehmen mit kreativen Ideen und profundem unternehmerischen Gespür erfolgreich durch die eine oder andere Krise gesteuert hatte.

Nun hatte er als Eigentümer und gleichzeitig Geschäftsführer mit zweien seiner Führungskräfte, dem Leiter Vertrieb und der Personalleiterin, an einer Konferenz zum Thema „New work und agiles Arbeiten" teilgenommen – alle waren regelrecht elektrisiert von den (neuen) Arbeitsweisen. Sie hatten fest vor, die Kultur des Ausprobierens in iterativen Schleifen und eine „Fail-fast-fail-cheap"-Kultur (Abschn. 5.3) im eigenen Unternehmen einzuführen. Die Aussicht auf gesteigerte Produktivität und verbesserte Mitarbeiterzufriedenheit versetzte sie in Hochstimmung. Große Befriedigung bereitete ihnen auch die Idee, dass sie sich als Führungskräfte zukünftig stärker zurückziehen könnten und mehr Verantwortung ans Team abgeben würden.

Doch wie sollten sie – insbesondere Human Resource – in der Praxis ihre Mitarbeiter zu mehr Eigenverantwortung motivieren? Diesem Thema nahm sich die Personalleiterin an. Die Belegschaft war über Jahrzehnte gewachsen und entsprechend daran gewöhnt, in klar definierten Strukturen und Hierarchien zu arbeiten. Projekte wurden nach der „Wasserfallmethode" klassisch abgewickelt: Der Start eines jeden neuen Projektes begann mit dem Erstellen eines ausführlichen Pflichtenheftes, die Mitarbeiter gingen nach der sogenannten RACI-Methode (Responsible, Accountable, Consulted und Informed) vor und hielten sich an genau vereinbarte Regeln, definierte Rollen, Verantwortlichkeiten, Schnittstellen und Budgets. Meilensteine wurden festgelegt, um die einzelnen Projektschritte zeitlich zu fixieren.

Wie konnte nun der Switch in ein eigenverantwortlicheres, proaktiveres Handeln als erstem Impuls für agile Arbeitsweisen gelingen?

Der Arbeitsauftrag der Personalleiterin an mich lautete: „Unsere Mitarbeiter sollen mehr Eigenverantwortung übernehmen und letztlich proaktiver handeln – schulen Sie sie darauf!"

Rückblickend muss ich mir selbstkritisch eingestehen, dass der herausfordernde Enthusiasmus des Managements (allzu) schnell auf mich übersprang ... und mir anfangs den Blick auf die Realität etwas verstellte. So konzipierte ich einen Ein-Tages-Workshop zu dem relativ schwammigen (weil schlecht greifbaren!) Themenkomplex „Eigenverantwortung" mit folgenden Schwerpunkten:

- Wie lässt sich Eigenverantwortung definieren?
- Woran lässt sie sich konkret festmachen?
- Worin praktizieren wir aktuell schon Eigenverantwortung?
- Welche Vorteile bringt uns eigenverantwortliches Handeln?
- Gibt es Nachteile eigenverantwortlichen Handelns? Wenn ja, welche?
- Welche Voraussetzungen müssen für unser eigenverantwortliches Handeln gegeben sein?
- Wo gibt es konkrete Möglichkeiten, die eigene Verantwortung (noch) zu steigern?

Voller Begeisterung starteten wir in der festen Überzeugung, dass sich durch das eintägige Training gewiss Maßnahmen finden lassen würden – wie sich bald herausstellen sollte, waren wir mit dieser Annahme schief gewickelt: Die kurze mündliche Einführung zum Trainingstag übernahm ein motivierter Gruppenleiter aus dem Technikbereich. Da er erst vor Kurzem in das Unternehmen eingetreten und vom Juniorchef nur recht oberflächlich über die Hintergründe des Seminars gebrieft worden war, „holperte" es schon direkt am Anfang. Schnell verwickelten die Teilnehmer den Gruppenleiter in eine leidenschaftliche Diskussion darüber, wie es denn generell um die Eigenverantwortung im Unternehmen bestellt sei bzw. dass sie aktuell so gut wie gar keine Möglichkeiten hätten, Eigenverantwortung zu leben. Und überhaupt, so die Teilnehmer weiter, sei es eine Unverschämtheit, dass Ihnen als Mitarbeitern indirekt durch dieses Training vorgeworfen würde, sie zeigten zu wenig bzw. gar keine Eigenverantwortung. Die (unvorbereitete) Führungskraft geriet verbal ins „Taumeln": Nein, nein, so sei das gar nicht gemeint gewesen und natürlich würden sie eigenverantwortlich handeln, aber Luft nach oben wäre doch immer...

Die Unsicherheit und die unbeholfene Rechtfertigung des Gruppenleiters registrierend, wollten die Mitarbeiter als Nächstes wissen, wie sich die Führungskräfte denn einerseits genau die Eigenverantwortung vorstellen und wo sie andererseits zukünftig bereit wären, mehr Eigenverantwortung zuzulassen. Sie verlangten, dass man sie einfach in Ruhe arbeiten lassen und weniger eng kontrollieren solle – dann könne man sich ein solches Seminar komplett sparen.

Als Trainer muss man in solchen Situationen stark sein: Einerseits ist es unschön mitanzusehen, wie von der Geschäftsleitung eine Führungskraft für ein Thema „vorgeschickt" wird, dessen Tragweite letztere weder inhaltlich noch kulturell umrissen hat (auch gar nicht umrissen haben kann!) und bei kritischen Nachfragen ins Schwitzen gerät.

Andererseits ist genau eine solche offene Diskussion extrem wichtig und wertvoll auf dem Weg hin zu geänderten Denkweisen – und in der Folge (hoffentlich) geändertem Handeln. Daraus abgeleitet kann sich daraus über einen längeren Zeitraum eine veränderte Gesamtkultur bilden. In diesem speziellen Fall ging es darum, eine Kultur des Vertrauens zu schaffen, eine Kultur mit mehr Freiräumen und größerer Offenheit für die individuellen Stärken der Mitarbeiter; eine Kultur, in der Ausprobieren nicht nur erlaubt, sondern ausdrücklich erwünscht ist; eine Kultur, wo Mitarbeiter – ihren beruflichen Interessen und Fähigkeiten entsprechend – ihren Arbeitsplatz mit Blick auf den unternehmerischer Fokus besser (mit)gestalten können.

Meine Rolle als Moderatorin verstehe ich so: aufmerksam und aktiv zuhören, nicht frühzeitig „hineingrätschen" und die – teilweise recht kontroverse – Diskussion in ihrer Gänze zulassen. Erst als sich die Beiträge wiederholten und keine neuen Argumente mehr genannt wurden, meldete ich mich zu Wort, um das Gesagte zusammenzufassen und zu strukturieren.

In solchen Situationen ist es stets hilfreich, die „Dramatik" aus dem hitzigen Prozess rauszunehmen. Am besten gelingt dies, indem das Thema aus der „Klein-klein-Diskussion" auf eine Metaebene gehoben wird – etwa so: *„Als externe, neutrale Person höre ich Ihnen nun einige Zeit zu. Das Thema Eigenverantwortung folgt keinem festen Plan, wie es sich implementieren lässt. Jedes Unternehmen muss hierfür seine eigene Definition – und seinen eigenen Weg – finden. Lassen Sie uns auf den Begriff als solchen schauen. Wie würden Sie Eigenverantwortung ganz speziell für Ihr Unternehmen definieren? Wie wird es im Unternehmen in drei Monaten konkret spürbar, dass Mitarbeiter eigenverantwortlicher handeln und Führungskräfte dies eher zulassen, als heute?"*

Auf diese Weise gelang es, aus der teilweise (unstrukturierten) Diskussions- und Reflexionsphase in eine (strukturierte) Bearbeitungsphase überzuleiten, in der sich konkrete Antworten auf zuvor diskutierte Fragestellungen finden ließen. Die Teilnehmer sammelten Beispiele für Möglichkeiten eigenverantwortlich(er)en Handelns am Arbeitsplatz: angefangen bei Budgetverantwortung, Unterschriftsberechtigung (z. B. für Arbeitsverträge bis zu einem Jahresgehalt von 60.000 EUR) über das Freizeichnen von Rechnungen (z. B. bis zu 5000 EUR) bis hin zur kompletten Übernahme von Projekten. In diesem Zusammenhang drängten die Mitarbeiter darauf, dass diese möglichen neuen Regelungen nach Genehmigung bzw. Beschlussfassung innerhalb des Unternehmens transparent kommuniziert würden, um Rückfragen zu vermeiden und Zuständigkeiten klar zu gestalten.

Mit diesen Ergebnissen – und dem durchaus kritischen Feedback der Teilnehmer versorgt – führte ich im Nachgang ein Abschlussgespräch mit dem Juniorchef. Daraufhin erklärte dieser das Thema „Eigenverantwortung" zur Chefsache. Er dankte den Teilnehmern des Ein-Tages-Trainings für deren offene, teils sehr kritische Rückmeldung und die erarbeiteten Lösungsvorschläge. Weiterhin führte er einen Workshop mit seinen Führungskräften durch und ließ hier ebenso Ideen für Möglichkeiten zu mehr Eigenverantwortung entwickeln – dabei kam alles offen zur Sprache, was in diesem Zusammenhang vom Führungsteam angeregt wurde.

Und schließlich wurden in einem letzten Schritt die Ergebnisse aus dem ersten Training bzw. dem Workshop zusammengefügt, in einem zusätzlichen halbtägigen gemeinsamen (!) Workshop priorisiert und ein konkreter Umsetzungsplan verabschiedet.

Dieser gemeinsame Workshop war Premiere und zugleich Auftakt für den zukünftig geplanten offenen Dialog zwischen Führungskräften und Mitarbeitern. Ab diesem Zeitpunkt ging ein regelrechter Ruck durch die gesamte Belegschaft. Nach und nach wirkte sich die „Arbeit auf Augenhöhe" auf alle Bereiche überaus positiv aus: Zum einen adjustierten sich die Verantwortlichkeiten deutlicher als bisher, zum anderen erhielten die Mitarbeiter die gewünschten erweiterten Freiräume und damit verbunden höhere Wertschätzung und Anerkennung – mit der Folge einer deutlich verbesserten Arbeitsmotivation. Auch ihr Commitment (und ihre Bindung ans Unternehmen) wurden durch diese Maßnahmen ganz erheblich gesteigert, was auch durch eine geringere Fluktuation empirisch messbar war.

Eines muss klar gesagt werden: Dieser Kulturwandel gelang nicht von heute auf morgen. Bis das Unternehmen unter Leitung des Juniorchefs seinen eigenen Weg in die agile Arbeitswelt gefunden hatte – und dieser entsprechend umgesetzt war –, vergingen fast zwei Jahre, wobei diverse Hindernisse zu überwinden waren. Der kulturelle Umbau und der Wandel in der neue Arbeitsweise geschah nach dem Build,- Measure-Learn-Prinzip (siehe hierzu Abschn. 2.3). Im Projektmanagement zum Beispiel wurden verschiedene Softwareanbieter getestet, bewertet und für „gut" oder „schlecht" befunden (im letzteren Fall wurde der nächste getestet!).

Auch an der Zusammensetzung der Projektteams wurde gefeilt, es wurden mehrere unterschiedliche Optionen ausprobiert. Der Spaß am Experimentieren stieg und auch wenn mal etwas schief lief, gelang es dennoch, den Output und den Umsatz nachhaltig zu steigern. Und das Wichtigste: Im Arbeitgeberranking verbesserte sich das Unternehmen um sechs Plätze im Vergleich zum Vorjahr und auch die Verweildauer im Unternehmen stieg an.

Die 4 „Lessons learned" aus diesem Beispiel

1. Ein allgemeines Patentrezept für das Prinzip „Mehr Selbstverantwortung" als Basis für agile Arbeitsweisen gibt es nicht – jedes Unternehmen muss seine eigenen Maßnahmen finden.
2. Dieser Prozess braucht Zeit, Mut, Geduld und vor allem den festen Willen von allen Seiten. Eine inspirierende Zwei-Tages-Konferenz mit drei begeisterten Topführungskräften alleine reicht für eine 180-Grad-Wende von jahrzehntelang praktizierten Arbeitsweisen nicht aus.
3. Die Geschäftsführung muss es wirklich wollen, unterstützen und pushen … sowie bereit sein, Hindernisse zu überwinden, die automatisch auftreten werden.
4. Motivierte, weil überwiegend selbstverantwortlich tätige Mitarbeiter, die sich entwickeln können, bringen unter dem Strich mehr Umsatz.

3.4 „Hire for attitude, train for skills!" – Lebenslanges Lernen als Erfolgskriterium

1797 schrieb Goethe an Schiller: „Ein Problem zu lösen heißt, sich vom Problem zu lösen." [2] Dieses Rezept trifft auch heute, zweieinhalb Jahrhunderte später, noch den Nagel auf den Kopf.

Freizeit wird zur neuen Währung im Kampf um die besten Talente. Die Zeit des 9-to 5- Arbeitens ist vorbei. Was denken Sie: Wer macht heutzutage noch denselben Job von der Ausbildung bis zur Rente? Antwort: kaum jemand. Wenn die Halbwertzeit eines Jobs fünf Jahre ist, ist das schon lang. Wenn ich z. B. bei einem Training frage: „Wer macht heute noch exakt den gleichen Job wie vor *fünf* Jahren?", so zeigen maximal zwei von zwanzig Teilnehmern auf. Und wenn ich frage: „Wer macht heute noch exakt den gleichen Job wie vor *drei* Jahren?", so heben maximal fünf Teilnehmer die Hand.

In meiner Tätigkeit als Personalleiterin stellte ich vielfach für kleine, zugekaufte Start-ups innerhalb des Gesamtkonzerns Mitarbeiter auf Jobs ein, die einige Monate später, als diese nach ihrer Kündigungszeit anfangen sollten, schon gar nicht mehr existierten. Die Anforderungen und Abteilungskonstellationen hatten sich in dieser Zeitspanne nicht selten um 180 Grad gedreht. Zu dem Zeitpunkt, als sich die neuen Bedingungen abzeichneten, suchten wir das Gespräch mit den (potenziellen) neuen Kollegen und informierten über die Neuausrichtung der Stelle. Manche traten unter diesen veränderten Vorzeichen den Job gar nicht mehr an, andere (die Mehrzahl!) waren bereit, sich auf die Herausforderungen im neuen Kontext einzulassen – die Unternehmenskultur war ja die gleiche geblieben, lediglich die Jobanforderungen hatten sich inzwischen verändert.

Praxisbeispiel

Vor einigen Jahren suchte ich einen klassischen Performance-Manager für ein E-Commerce-Unternehmen. Schwerpunkte der Stelle waren unter anderem das Tracken von Zielvereinbarungen, übliches Prozessmanagement sowie das Auswerten strategischer KPIs (Key performance indicators). Vom Kompetenzprofil sollte der Kandidat idealerweise analytische Stärke, Durchsetzungsvermögen und Kompetenzen in bestimmten IT-Tools sowie längere Berufserfahrung im Controlling mitbringen.

Unser Wunschkandidat hatte bei seiner alten Firma vier Monate Kündigungsfrist; er unterzeichnete bei uns den Vertrag im Januar und sollte zum 1. Juni starten. Im März beschloss jedoch unser Unternehmen, das Zielesystem auf OKRs umzustellen (Abschn. 1.4). Durch diese Umstellung auf ein agiles Zielerreichungssystem waren nun plötzlich ganz andere Kompetenzen erforderlich, wie zum Beispiel Teamorientierung, Begeisterungsfähigkeit, Kommunikations- und Umsetzungsstärke – das Jobprofil (nämlich: OKR-Manager) verlangte veränderte Fähigkeiten. Das ursprünglich als wichtig erachtete klassische Controllingwissen rückte jetzt eher in den Hintergrund, denn die Vorgehensweise änderte sich diametral.

Aufgrund dieser wesentlichen Veränderungen suchten wir erneut das Gespräch mit dem potenziellen Kollegen; wesentlich war für beide Seiten, die Passung nach den veränderten Schwerpunktkompetenzen in einem strukturierten Interview nochmals abzutesten. Dadurch, dass das Unternehmen im Auswahlprozess schon auf die Unternehmenspassung großen Wert gelegt hatte, galt es jetzt lediglich zu klären, ob eine Basis für Kompetenzerweiterung vorhanden war. Rasch wurde klar, dass der Kandidat willens und in der Lage war, die neuen Kompetenzfelder (grundsätzlich) auszufüllen. Er trug das neue Konzept vollumfänglich mit und begrüßte die Umstellung. Eine größere Abweichung vom veränderten Soll-Profil stellten wir lediglich im Bereich Kommunikation fest. Zum Aufbau dieses Skills entwickelten wir eine dreiteilige (Nach-)Qualifizierung: Teilnahme an einem Inhouse-Kommunikationsseminar, Mentoring durch unseren Kommunikationschef in den ersten drei Monaten nach Einstieg ins Unternehmen (einmal die Woche eine Stunde nach Bedarf), Unterstützung durch einen externen Coach im Umfang von zunächst drei Doppelstunden.

Der neue Kollege arbeitete sich nach Stellenantritt – unterstützt durch die Kombi-Qualifizierung – zügig in alle Bereiche ein und empfand es als bereichernder und sinnstiftender, im Dialog mit Geschäftsführung und Kollegen unternehmerische Ziele sowie Messkriterien entwickeln zu können, anstatt diese hart von oben durchzudrücken.

Abschließend lässt sich festhalten, dass es bei dieser Stellenbesetzung letztlich nur Gewinner gab: Der Kandidat empfand den transparenten Umgang von Anfang an als wertschätzend. Er erweiterte sein Skill-Set und bekleidete die neue Funktion nach kurzer Zeit sehr erfolgreich im Sinne des Unternehmens. Die Firma hatte den großen Vorteil, keinen völlig neuen Recruitingprozess anstoßen zu müssen und einen motivierten, bestens committeten Mitarbeiter zu gewinnen.

Welche Erkenntnis lässt sich aus diesem Beispiel ziehen? Die HR-Maxime „Hire for attitude, train for skills" – also die Recruiting-Devise „Haltung vor Fachwissen!" – setzt immer mehr die Bereitschaft von Mitarbeitern, aber auch Führungskräften, voraus, sich jederzeit mit ihren Jobs zu wandeln und sich permanent weiterzuentwickeln. Mit anderen Worten: Lebenslanges Lernen kann als das entscheidende Erfolgskriterium in der VUCA-Welt angesehen werden.

> **Ihr Transfer in die Praxis**
>
> - Suchen Sie nach konkreten Maßnahmen, Eigenverantwortung im Team zuzulassen bzw. zu stärken!
> - Fordern Sie Ihre Mitarbeiter auf, Vorschläge für mehr Eigenverantwortung zu machen!
> - Reflektieren Sie Ihren eigenen Verantwortungsraum gegenüber Ihrer Führungskraft! Brauchen Sie eventuell mehr?
> - Checken Sie Ihr Unternehmen? Haben Sie genug t-shaped-individuals?

Literatur

1. Ulrich, Dave, Transformation. Building Human Resources from the Outside, McGraw ill Education Ltd., New York 2009
2. Briefwechsel Goethe – Schiller, mit einem Nachwort von Emil Staiger, Fischer-Verlag, Frankfurt-Hamburg 1961.

Weiterführende Literatur

Covey, Stephan M.R., Schnelligkeit durch Vertrauen: Die unterschätzte ökonomische Macht, Gabal-Verlag, Offenbach 2010.

Pink, Daniel, H. Drive. Was Sie wirklich motiviert, Ecowin-Verlag, Salzburg 2019.

Schwuchow, Karlheinz/Gutmann, Joachim (Hg.), Personalentwicklung. Themen, Trends, Best Practices 2015, Haufe-Lexware Verlag, Freiburg 2015.

Slogar, Andreas, Die agile Organisation. Wo anfangen? Wie Mitarbeiter und Führungskräfte begeistern? Wie Struktur und Strategie anpassen?, Carl Hanser-Verlag, München 2017.

4 Der echte Mehrwert agilen Arbeitens für Ihr Unternehmen

> *„Erfolg besteht darin, dass man genau die Fähigkeiten hat, die im Moment gefragt sind."*
> Henry Ford (1863–1947), Edison as I knew him (= Mein Freund Edison), 1931

Was Sie aus diesem Kapitel mitnehmen

- Wie Ihr Unternehmen von agilen Arbeitsweisen in heterogenen Teams konkret profitiert
- Wie HR in komplexen Transformationsprozessen unterstützen kann
- Welche aktive(n) Rolle(n) HR bei der Unternehmensinnovation einnimmt
- Wie strategisch zielgerichtete HR-Kommunikation im Change aussieht

Unter dem Titel „Stoppt den Agilitätswahn!" war am 17.07.2017 im *Manager-Magazin* zu lesen: „Rette sich wer kann: Die Welle rollt, der aktuellste Managementtrend dringt durch alle Ritzen … Design Thinking ist zum Hochseilgarten für den Teamgeist mutiert und wird zur Paradelösung für jede digitale Transformation hochgejazzt" [1].

Hier liegt jedoch ein grundsätzliches Missverständnis zugrunde: Agilität ist nicht einfach nur ein Sammelsurium pseudoinnovativer Begriffe, ein hipper Hype oder eine Welle, die über uns hinwegschwappt. Sie sie schlicht und einfach die Arbeitsweise der Zukunft in unserer digitalen Welt. Agilität stellt die Möglichkeit dar, ein Unternehmen effizienter und damit zukunftsfähiger aufzustellen.

Laut einer repräsentativen Befragung des Digitalverbands Bitkom ist jedes zweite deutsche Großunternehmen mit mehr als 500 Mitarbeitern im IT-Bereich schon auf agile Methoden umgestiegen [2]. Aber auch in anderen Branchen findet agiles Arbeiten immer mehr Anhänger, auch wenn die Arbeitsweise im IT-Bereich noch immer die höchste Verbreitung hat. Strukturiertes Arbeiten in ständig wechselnden Teams, systematische Erfassung von Fortschritten, permanente Bereitschaft zu Veränderung bzw. Anpassung der Arbeitsweise, klare Kundenorientierung – diese Parameter zeichnen agiles Arbeiten aus.

> **Agile Unternehmen bis zu fünfmal erfolgreicher!**
> Die Studie „Organisation der Zukunft" der Boston Consulting Group, in der 1100 Führungskräfte aus mehr als 40 Ländern befragt wurden, brachte an den Tag: Agile Organisationen waren 2016 wirtschaftlich bis zu fünfmal erfolgreicher als nichtagile Wettbewerber, während starre Organisationen zu den Schlusslichtern gehörten. Bei über 40 % der Unternehmen lagen die Ergebnisse sogar weit über dem Durchschnitt [3].

4.1 Der Mitarbeiter-Lifecycle: Hier greift agiles Arbeiten im HR-Management

Was ändert sich konkret für einen Debitorenbuchhalter, wenn sein Unternehmen agil wird? Nicht viel. Was ändert sich für einen Sales-Mitarbeiter? Wenig. Für einen Facility-Manager? Schon etwas mehr. Für einen HR-Manager? Praktisch alles. Vor allem Führungskräfte und das gesamte Management sind herausgefordert – sie müssen die veränderte Kultur vorleben und entsprechend prägen.

Wie verändert sich nun der Mitarbeiter-Lifecycle in der agilen Arbeitswelt?

Dies fängt – wie bereits beschrieben – direkt beim Recruiting (Abschn. 3.1) an: Die persönliche Haltung eines Bewerbers steht nun vor dessen rein fachlichen Kenntnissen: Wofür brennt der Kandidat bzw. woraus bezieht er seine innere Motivation („persönliches why")? Wie ist es um seine emotionale Intelligenz bestellt?

Ist ein neuer Mitarbeiter gefunden, soll er natürlich möglichst rasch produktiv werden können – dafür sind agile Onboarding-Konzepte durch HR sinnvoll. Da Agilität ja davon ausgeht, dass man in heterogenen Teams projektbezogen zusammenarbeitet, kommt es darauf an, möglichst von Anfang an in einer Art Rotationsprozess Mitarbeiter aus allen Unternehmensteilen kennenzulernen, um Zusammenhänge besser zu verstehen und um nicht nur auf seinen eigenen Bereich limitiert zu sein. Manche Unternehmen wählen hierfür häufig einen

Abb. 4.1 Mitarbeiter-Lifecycle

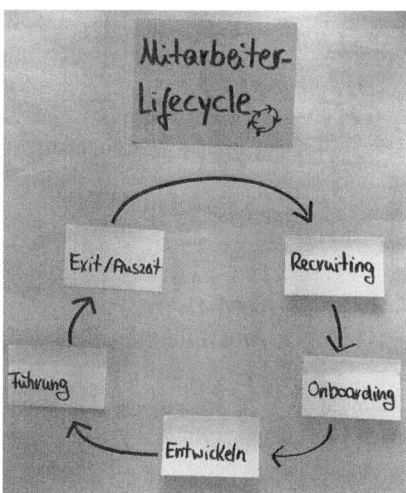

speziellen Onboarding-Paten aus einem Schnittstellenbereich (und nicht der sogenannten „Stammabteilung") aus, dessen Aufgabe darin besteht, den Neuling entsprechend einzuführen und ihm die Unternehmenskultur schnell nahe zu bringen. Achtung: Hier stelle ich immer wieder fest, dass für Onboarding zu wenig Zeit eingeplant wird. Die Führungskraft geht fälschlicherweise davon aus, dass sich der Know-how-Aufbau und das Sich-Einfinden in die Kultur durch die tägliche Arbeit ergeben. Es lohnt sich, zu Beginn strukturiert Zeit einzuplanen, das führt zu schnellerer Produktivität sowie höherer Zufriedenheit und Motivation beim Mitarbeiter.

Die (darauffolgende) Phase des produktiven Workflows in der agilen Welt ist geprägt durch stark teamorientierte Projektarbeit in meist heterogenen Gruppen. Wie bereits an anderen Stellen dieses Buches beschrieben, sind hierbei neben vielen anderen Punkten eine Vertrauens-, Fehler- und Feedbackkultur charakteristische Parameter.

Die nächste Phase im Mitarbeiter-Lifecycle (siehe Abb. 4.1) heißt „Entwickeln", also: Durchwechseln in Teams, Wissen verbreitern, Kompetenzen entwickeln bzw. ausbauen, neue Rollen einnehmen (z. B. Wechsel vom „Product Owner" zum „Scrum-Master").

Übernahme von Führungsverantwortung ist optional – zumal sich im agilen Kontext Führungsrollen durch den Wegfall von Hierarchieebenen stark reduzieren. Dadurch, dass sich die Teams selber führen, fallen klassische Chefrollen größtenteils weg (natürlich nicht komplett!).

Die letzte Phase bezeichnet den (temporären) Austritt: In der modernen Arbeitswelt wechseln sich besonders intensive Projektblöcke häufig mit bewusst geplanten Pausenphasen ab, in denen Energie getankt und neue Ideen entwickelt werden können. Anders als in der klassischen Arbeitswelt gibt es in agilen Teams demzufolge auch mehr Verständnis dafür, wenn jemand – aus welchen Gründen auch immer – eine (längere) Auszeit nehmen möchte; dies kann für beide Seiten lohnend sein.

4.2 Tagtäglich im Team schneller zu Ergebnissen kommen – so funktioniert's!

Nach meinen Erfahrungen als Personalerin und Trainerin sind vielfältig gemischte Teams erfolgreicher als homogene. Insbesondere in kreativen Prozessen, beispielsweise bei der Produktentwicklung, der Weiterentwicklung von Dienstleistungen und beim Softwaredesign, führt eine bunte Zusammensetzung – junge und ältere, Vielfalt in der Qualifikation, Männer und Frauen – zu deutlich besseren Ergebnissen. Auch bei neuen Produkten und bei deren Weiterentwicklung sind unterschiedlich geprägte Teams von Nutzen.

Heutzutage werden Teams häufig projektbezogen zusammengesetzt; die darin vorherrschende Arbeitsweise ist vielfach „agil". Sämtliche agilen Methoden – von Design Thinking über Business Modell Canvas bis hin zu Lean-Start-up, Scrum und Kanban – folgen im Gegensatz zur landläufigen Meinung stets klar definierten Abläufen.

Gerade diese projektlimitierten Teams sind immer wieder vor die Herausforderung gestellt, innerhalb kurzer Zeit eine produktive Arbeitsbasis und ein vertrauensvolles Miteinander aufzubauen. Wie lässt sich dies bewerkstelligen? Wie kann schnellstmöglich ein Teamspirit erzeugt werden, der Voraussetzung für eine gute Performance ist?

Zunächst einmal müssen diese Teams sich selbst und gegenseitig möglichst gut kennen(lernen). Erst wenn ein Verständnis dafür entstanden ist, wie der andere „tickt", ist ein Grundstein für gegenseitiges Fingerspitzengefühl und kreative Leichtigkeit gelegt. Bei diesem Prozess benutze ich als zertifizierter Trainer für HBDI$^®$ nach Ned Herrmann gerne die HBDI$^®$-Denkstilanalyse (siehe Abb. 4.2), welche die persönlichen Denkweisen und die sich daraus ergebenden Handlungsweisen der anderen Akteure zuverlässig widerspiegelt. Auf diese Weise

Abb. 4.2 HBDI® nach Ned Herrmann

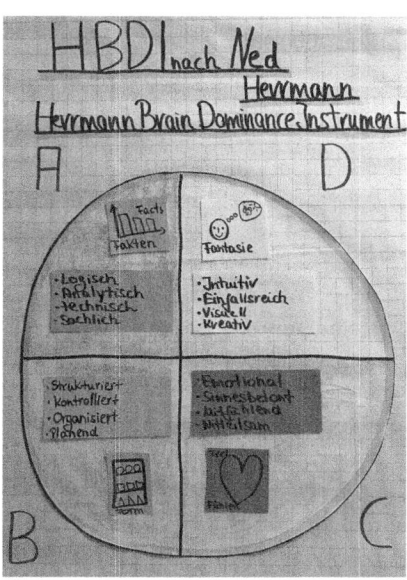

werden unterschiedliche Denk- und Handlungsweisen transparent, vorhersehbar und im Rahmen eines Teambuildingprozesses besprechbar. Das gegenseitige Verständnis für individuelle Kommunikation, die Art der Entscheidungsfindung und Besonderheiten im Umgang mit Konflikten werden so schnell offensichtlich. Außerdem entstehen Spaß, Dynamik und Motivation dadurch, dass die Teammitglieder sich auf spielerische Art und Weise mit ihrem persönlichen Einzel- und dem Teamprofil auseinandersetzen und auf wertschätzende Art auch blinde Flecken offengelegt werden.

Andere anerkannte Methoden sind beispielsweise das „DiSG®-Modell" nach dem amerikanischen Psychologen und Unternehmer Prof. Dr. John G. Geier (das D steht für „dominant", für i für „initiativ", S für „stetig" und G für „gewissenhaft") und der „Myers-Briggs-Typenindikator" (kurz MBTI), mit dessen Hilfe die von Carl Gustav Jung entwickelten psychologischen Typen (z. B. introvertiert, extravertiert) in vier Funktionen (Denken/Fühlen, Sensorik/Intuition) erfasst werden sollen. Im direkten Abgleich untereinander erhält das Projektteam durch das Teamprofil schnell einen dezidierten Überblick über die gesamte Teamstruktur.

> **Praxisbeispiel**
> So erlebte ich es vor Kurzem konkret bei einem großen Sportartikelzulieferer: Ein Teammitglied entdeckte in seinem HBDI®-Profil, dass seine eigene Denkweise sehr stark im kreativen Bereich ausgerichtet war. Mit dieser Erkenntnis, die das Team widerspiegelte, übernahm er die Aufgabe der grafischen Ausgestaltung beim Homepage-Relaunch – eine Rolle, die bislang im Team unbesetzt war. Ich nutze daher solche Persönlichkeitsprofile sehr gerne und häufig gerade in kurzfristig zusammengesetzten Teams mit agiler Arbeitsweise. Der durch verbesserte Teamarbeit erzielte Output in der Performance rechtfertigt den Invest eines eintägig durchgeführten Team-Workshops vielfach.

4.3 „Disrupt yourself before you get disrupted!" – Innovation als „Überlebensversicherung"

Von disruptiven Innovationen (oft auch „disruptive Technologien"; von englisch to disrupt „unterbrechen" bzw. „stören") spricht man im strategischen Unternehmenskontext immer dann, wenn etwas wirklich Neues entsteht, also etwa ein bestehendes Geschäftsmodell, ein Produkt oder eine Dienstleistung grundsätzlich hinterfragt bzw. ersetzt wird.

Wie nun sieht disruptive Innovation im HR-Management konkret aus bzw. wie kann disruptive Unternehmensinnovation vom HR-Management aktiv begleitet werden?

> **Praxisbeispiel**
> Ein besonders anschauliches Modell für starke Veränderung im Geschäftsmodell ist die ProSiebenSat.1-Gruppe. Diese hatte für sich schon frühzeitig beschlossen, dass es im immer enger werdenden Medienumfeld überlebensnotwendig sei, ein alternatives Geschäftsfeld zum klassischen linearen Fernsehprogramm aufzubauen. Der damalige CEO Thomas Ebeling erkannte 2009/2010 vorausblickend, dass sich das Zuschauerverhalten – analog zur Tendenz, statt im stationären Einzelhandel auf E-Commerce-Plattformen einzukaufen – von linearen TV-Angeboten hin zu Alternativangeboten im Internet wie Netflix oder YouTube verlagern bzw. weiter verlagern würde.
>
> Dieses spürbar veränderte Konsumentenverhalten nahm er zum Anlass für einen umfassenden grundsätzlichen zukunftsorientierten Aus- und Umbau seines Unternehmens hin zu einem Digital Entertainment- und

E-Commerce-Powerhouse. So ein tief greifender Konzernumbau war bis dato in der deutschen Medienlandschaft ein Novum. Solche einschneidenden Kultur-Change-Maßnahmen bringen selbstredend auch für das Personalmanagement Herausforderungen und Riesenmöglichkeiten mit sich – eigentlich das tollste, was einer ambitionierten, businessorientierten HR-Mannschaft passieren kann.

Wie nun geht HR in einem solchen Fall konkret unternehmerisch, kundenorientiert und gemäß agiler Arbeitsweise vor?

1. Am Anfang steht die Analyse. Dabei ist von größter Bedeutung, die Kundenbedürfnisse so genau wie möglich zu durchdringen – hierfür sollte das HR-Führungsteam einen eintägigen Workshop mit dem Vorstand aufsetzen. Zielsetzung ist es, mit der Design-Thinking-Methode eine Challenge zu definieren und erste Lösungen zu finden. Dabei wird nach der Abfolge im Design-Thinking-Prozess vorgegangen (Abschn. 2.1).
2. Im Problemraum – Kunden verstehen, beobachten und Point of View bilden – heißt das für diesen Fall: Befragen des Vorstands und Ergänzen mit dem Verstehen des veränderten Marktumfeldes (u. a. Zuschauer!). Zum veränderten Nutzungsverhalten gibt es in der Regel bereits von der Marktforschung erstellte bzw. eingekaufte Studien (z. B. www.statista.com). Verschiedene Personas, also die unterschiedlichen Zuschauer/Kunden, hat Marketing/Vertrieb meist ebenfalls schon erstellt. Falls nicht, planen Sie dafür Zeit ein.
3. Als Nächstes wird die Challenge als solche definiert: „Wie können wir … ?".
4. **Hier:** Wie können wir als HR-Management den gewünschten zukunftsfähigen Ausbau und Umbau der Organisation vorantreiben?
5. Lösungsraum: Für diese Herausforderung werden in einem breit angelegten Brainstorming denkbare Lösungen gesammelt – beim anschließenden Clustering der Ideen kristallisieren sich oftmals drei Schwerpunkte heraus:
   a) Crossdivisionale Vernetzung der Bereiche, also stärkerer Dialog zwischen zwei Geschäftsteilen, in diesem Fall TV-Geschäft und Digitalgeschäft. Mögliche Maßnahmen dazu, die aus meiner Sicht erfolgversprechend sind: interne Wechsel von Mitarbeitern über die Bereichsgrenzen hinweg, Vernetzungsinitiativen wie Gründung bestimmter Netzwerke, zum Beispiel der übergreifenden Projektmanager; Aufsetzen eines Portals, das Mitarbeiter per Lunch-Date miteinander verknüpft; ferner gezielte bereichsübergreifend besetzte Gruppen für crossdivisionale Projekte. Die einzelnen Projektgruppen sollten zur Intensivierung

des Austausches ein eigenes Projekt-Office erhalten, in dem sie an zwei Tagen pro Woche gemeinsam arbeiten können.

b) Kommunikation im Veränderungsprozess: In enger Zusammenarbeit mit der Unternehmenskommunikation sollte regelmäßige zielgruppenorientierte Visibilität über den Fortschritt des Changeprozesses gegeben werden. Ideal dafür sind Videos, weil sie neben dem gesprochenen Wort auch einen visuellen Eindruck vermitteln – gerade für Außenstandorte, die oftmals wenig Zugang zur „Zentrale" habe, eine tolle Bindungs- und Informationsquelle. Persönliche Treffen und Infotermine der Geschäftsführung alle sechs bis acht Wochen (je nach Notwendigkeit) sind hiervon unberührt.

c) Schulung der Führungskräfte zu bereichsübergreifendem und agilem Führen („Digital Leadership"). Inhalte: Was ändert sich in der Führung? Welchen Mehrwert das das alles?

Immer wieder habe ich in den letzten Jahren erlebt, dass im Business mehr Zeit und Kraft dafür aufgewendet wurde, um problemorientiert um Schwierigkeiten herumzureden, anstatt sie proaktiv und lösungsorientiert anzugehen – und so schrittweise (wohlgemerkt nicht in einem Hauruck-Prozess!) – aufzulösen. Dieses Beispiel zeigte für mich eindrucksvoll, dass ein strategisch durchdachtes HR-Kommunikationskonzept einen Change wertvoll unterstützen kann.

Wie kann nun der Wandel zur agilen Arbeitsweise gelingen?

▶ Astrid Westermann, Leiterin HR Programme bei Axel Springer SE, bringt es für die Medienbranche auf den Punkt: „Die Medienbranche wandelt sich. Diese Transformation kann nur mit einer vertrauensvollen Unternehmenskultur und der Etablierung neuer Arbeits- und Beschäftigungsformen erfolgreich sein. Wir sehen unsere Chancen in der Digitalisierung und treiben diese daher proaktiv, zielgerichtet und mit Leidenschaft voran."

Dies gilt selbstredend nicht nur für die Medienbranche, sondern für viele andere Branchen gleichermaßen.

4.4 „Vision without execution is just hallucination!" – Vom Kennen ins Können ins Konkrete

„Nicht alles, was gewagt wird, gelingt. Aber alles, was gelingt, wurde irgendwann einmal gewagt." Gemäß diesem Statement, das Daniel Borel, dem Gründer des bekannten Computerzubehörherstellers Logitech, zugeschrieben wird, braucht es

4.4 „Vision without execution is just hallucination!" – Vom Kennen …

für Innovation jede Menge Mut, andere Wege zu gehen … auch auf die Gefahr hin, mal danebenzuliegen. Es aus Angst oder Bequemlichkeit erst gar nicht zu versuchen, wäre jedoch grob fahrlässig. In jedem Fall muss in der digitalen Welt ein enormes Umdenken in allen Funktionsbereichen stattfinden.

Am Anfang einer großen Erfolgsstory stand immer eine Idee. Jeder, der ein Unternehmen groß und erfolgreich machen will, muss groß denken *und* groß planen. Ob eine Vision realisierbar ist oder nicht, stellt sich erst im Laufe der Zeit heraus. Kreative Ideen, ideale Zielbilder und Vorstellungskraft sind unabdingbare Voraussetzungen für unternehmerischen Erfolg.

Klar ist: Vor jeder persönlichen oder organisatorischen Entwicklung, besonders vor jeder erfolgreichen Unternehmensgründung, stand irgendwann einmal eine Vision – die Grundvoraussetzung, damit überhaupt etwas in die Tat umgesetzt werden kann. Aus bloßen Ideen konkrete Fakten zu schaffen, ist herausfordernd und bringt automatisch Hürden mit sich, für die Lösungen erarbeitet werden müssen.

> **Praxisbeispiel**
>
> Seit längerer Zeit berate ich die HR-Führungsmannschaft einer international agierenden Top-5-Wirtschaftsprüfungsgesellschaft in einem Changeprozess. Unter anderem ging es darum, die Marktposition als attraktiver Arbeitgeber deutlich auszubauen. HR hatte für sich die Vision entwickelt, der (!) Top-Arbeitgeber der Branche zu werden – dies wurde ganz offiziell im Vorausgriff entsprechend formuliert: *„Wir sind der Top-Arbeitgeber der Branche."*
>
> Wie sah der Weg dorthin konkret aus? Welche Strategie musste verfolgt werden, um sich in diese Richtung zu bewegen?
>
> Das HR-Management wurde von mir dahingehend beraten, streng customerzentriert vorzugehen, also die „Kunden" zu befragen (dieses Kundenerlebnis stellt sich in der sogenannten „customer journey" dar). Als Erstes empfahl ich eine „Employee Experience" (zu Deutsch: Mitarbeitererfahrung, hier erweitert um den potenziellen Mitarbeiterkreis!) durchzuführen. Nehmen wir exemplarisch den Einstellungsprozess von neuen Mitarbeitern – die Frage hier lautete: Wie wurde jener von diesen erlebt?
>
> Zusammen mit zehn in den letzten drei Monaten neu eingestellten Mitarbeitern wurde eine sogenannte „Customer Journey Map" erstellt – dafür begannen wir wie bei einem Film-Drehbuch mit dem Storyboard, einer visuellen Darstellung des Einstellungsprozesses. Wichtig: Das Bewerber-Erleben wurde zunächst rein grafisch dargestellt, es wurde nichts geschrieben (der Mensch denkt bekanntlich in Bildern).

Im nächsten Schritt erfolgte nun die Beschreibung bzw. Ausformulierung der einzelnen Erlebnisschritte. Im letzten Schritt wurden die in die einzelnen Erlebnisschritte involvierten Stakeholder eingetragen. Zum Schluss ließ ich die Teilnehmer in einer Art Skalen-Koordinatensystem die emotionalen Zustände für die einzelnen Schritte eintragen und als positive vs. negative experience mit „neutral", „plus 1", „plus 2", „minus 1", „minus 2" bepunkten – daraus ließen sich wertvolle Erkenntnisse sammeln, z. B.:

- Das Hochladen von Bewerberdateien dauerte im Schnitt zwei bis drei Minuten – das wurde von Bewerbern als zu lang empfunden.
- Zudem enthielt die automatisch generierte Eingangsbestätigungs-E-Mail keinen Hinweis auf eine Kontaktperson – was die Bewerber als unpersönlich und wenig wertschätzend (und damit als negativ) wahrnahmen.
- Die Einladung zum Erstgespräch dauerte teilweise bis zu fünf Wochen – was zu einer „negative experience" (= minus2) führte (auffällig war, dass es große Unterschiede bei den Abteilungen bzw. Stellenbesetzungen gab, bei manchen dauerte es nur eine Woche, bis eine Rückmeldung kam, was als positiv wahrgenommen wurde).
- Der erste Arbeitstag wurde von sämtlichen Befragten als tendenziell „negative experience" geschildert; hier wurde im Besonderen der administrative Ablauf (lange Schlangen bei der Ausweiserstellung, Einrichten von Zutrittsberechtigungen, Ausgabe der Hardware, Einrichten des Arbeitsplatzes usw.) genannt.

Hieraus ergaben sich konkrete „action points":

- Zusammen mit der IT-Abteilung bzw. mit dem Anbieter der Recruiting-Software wurden die Ladezeiten getestet bzw. rekonstruiert und entsprechend optimiert (hier: durchgängig auf PDF umgestellt!). Zudem wurde umgehend ein für Stellenbesetzungen zuständiger Ansprechpartner (inklusive Telefonnummer und Mailadresse) hinzugefügt. Gleichzeitig wurden Bewerber gebeten, bei allen Rückfragen immer die automatisch generierte Bewerbernummer bereitzuhalten, um die Zuordnung zu erleichtern.
- Es wurde analysiert, welche Durchlaufzeiten den einzelnen Stellen zugeordnet werden konnten. Als Zielsetzung wurde seitens HR in Absprache mit den zuständigen Führungskräften die Regel ausgegeben, innerhalb von zwei Wochen eine verbindliche Entscheidung über die Einladung zu einem Vorstellungsgespräch zu treffen (nicht bei

Initiativbewerbungen!). Die „Time to hire" (von Ausschreibung bis zur Vertragserstellung) wurde je nach Stelle auf maximal zwölf Wochen terminiert.
- Da das Erleben am ersten Arbeitstag für jeden neuen Mitarbeiter eine stark prägende Bedeutung hat (Wer erinnert sich nicht an seinen ersten Arbeitstag bei einer Firma?), entschied sich die HR-Arbeitsgruppe, hier noch einmal einen speziellen Fokus zu legen: Beim nächsten Monatsanfang sollte ein HR-Mitarbeiter einen neuen Kollegen an dessen erstem Tag begrüßen bzw. begleiten und sich selber einen Überblick verschaffen. Ziel: den ersten Arbeitstag in ein stark positives Erleben verwandeln. Die To Do's hier waren: frühzeitige Meldung über jeden Neueintritt an die IT-Servicestelle, rechtzeitiges Benennen von „Paten" durch die Fachabteilungen für die Onboarding-Phase (inklusive Einrichten des Arbeitsplatzes).

Sämtliche weitere Phasen des Mitarbeiter-Lifecycles wurden in gleicher Weise betrachtet. Natürlich reichten diese Maßnahmen noch nicht aus, um im darauffolgenden Jahr sofort die Nummer 1 zu werden, doch immerhin steigerte sich das Unternehmen im Arbeitgeberranking, man ist also auf einem guten Weg, die Vision eines Tages Wirklichkeit werden zu lassen.

Ihr Transfer in die Praxis

- Machen Sie Ihre erste Customer-Journey – befragen Sie Ihre Kunden!
- Leiten Sie hieraus konkrete Verbesserungsmaßnahmen ab und setzen Sie sie zeitnah um!
- Informieren Sie in Ihrem Unternehmen (z. B. im Intranet) darüber, was Sie getan haben – und vor allem darüber, welchen Mehrwert es bringt!
- Verstehen Sie sich stets als Multiplikator für Kundennutzen und Businesserfolg!

Literatur

1. Seitz, Andreas, „Stoppt den Agilitätswahn!", in: Manager-Magazin, 17.07.2017 http://www.manager-magazin.de/unternehmen/karriere/agilitaet-warum-der-management-hype-zu-kurz-greift-a-1157342.html
2. www.it-daily.net/analysen/19551-scrum-koenig-unter-den-agilen-methoden

3. Roghé, Fabrice/Toma, Andrew u. a., Boosting Performance Through Organization Design. The New New Way of Working Series (= Studie der Boston Consulting Group), München 2017.

Weiterführende Literatur

Doppler, Klaus/Lauterburg, Christoph, Change Management. Den Unternehmenswandel gestalten, Campus-Verlag, Frankfurt-New York 2016.

Gloger, Dieter/Rösner, Dieter, Selbstorganisation braucht Führung: Die einfachen Geheimnisse agilen Managements, Carl Hanser-Verlag München 2017.

Hackl, Benedikt/Gerpott, Fabiola, HR 2020 – Personalmanagement der Zukunft: Strategien umsetzen, Individualität unterstützen, Agilität ermöglichen. Verlag Vahlen, München 2015.

Hofert, Svenja, Das agile Mindset: Mitarbeiter entwickeln, Zukunft der Arbeit gestalten, Springer-Gabler, Wiesbaden 2018.

Leopold, Klaus, Agilität neu denken. Warum Agile Teams nichts mit Business Agilität zu tun haben, LEANability-Verlag, o. O. 2018.

Lorenz, Thomas/Oppitz, Stefan, Profilierung durch Persönlichkeit (= Reihe „30 Minuten"), Gabal-Verlag, Offenbach 2012.

Schiller, Robert, Heute Chef – morgen agil. Gemeinsam umdenken, arbeiten, erfolgreich sein, Carl Hanser-Verlag, München 2017.

www.gruenderszene.de – Onlinemagezin für Startups und die digitale Wirtschaft. News und Hintergründe zu Investment, Venture Capital und Gründungen.

www.techcrunch.com – Berichte über das Technologiebusiness, Startups und Venture Capital und das Silikon Valley.

TED-Talks sind Videos von Experten aus den Bereichen Bildung, Wirtschaft, Wissenschaft, Technik und Kreativität mit Untertiteln in mehr als 100 Sprachen.

Von der klassischen zur agilen Unternehmenskultur

> *„Wer neue Antworten will, muss neue Fragen stellen."*
> Johann Wolfgang Goethe, Brief an Charlotte von Stein, 1787

Was Sie aus diesem Kapitel mitnehmen

- Welche persönlichen Grundhaltungen agile Organisationen voraussetzen
- Was die agile Arbeitsumgebung wirksam befeuert
- Weshalb eine gelebte Fehler- und Feedbackkultur überlebensnotwendig ist

5.1 Die drei Eckpfeiler: Vertrauen, Mut, Wille zur Veränderung

> *„It doesn't make any sense to hire smart people and then tell them what to do. We hire smart people so they can tell us what to do."*
> Steve Jobs, Apple-Gründer

Um eine Organisation von der klassischen in eine agile Unternehmenskultur zu wandeln, braucht es nach meiner Überzeugung vor allem drei Dinge: Vertrauen, Mut und den festen Willen zur Veränderung.

Vertrauen
Vertrauen Sie Ihren Kollegen in Ihrer Abteilung? Ihrem Vorgesetzten? Den Geschäftspartnern? Hat man Vertrauen zueinander, so bedeutet das, vom Handeln

des anderen überzeugt zu sein, ein Zutrauen in dessen Fähigkeiten bzw. Kompetenzen zu haben (also das genaue Gegenteil von Misstrauen). Doch eine Vertrauenskultur, wo Vorgesetzte und Mitarbeiter sich aufeinander verlassen können und genau wissen, woran sie sind, kommt nicht aus der Luft. Wie also lautet das Rezept (auch und speziell) für HR? – Klare Antwort: loslassen und Transparenz!

Für jede Führungskraft bedeutet Loszulassen, von der Richtigkeit des Handelns anderer überzeugt zu sein – ganz nach dem Motto: „Trust is the new control." In der Praxis heißt das: keine Wiedervorlagenlisten, kein explizites Abfragen von bestimmten Themen und Aufgaben, ja sogar mal ganz bewusst nicht danach zu fragen und das Ergebnis für einen vereinbarten Zeitpunkt abwarten (das können dann auch mal drei Monate sein!) – also: loslassen und sich nicht (mehr) allein für alles verantwortlich fühlen.

Mut
Vertrauen allein reicht jedoch noch nicht, es muss gepaart sein mit einer großen Portion Mut, etwas Neues auszuprobieren.

> ▶ Andrea Trumm, Bereichsleiterin Personal bei der SportScheck GmbH, stellt hierzu fest: „In einer Branche wie unserer, die sich stark verändert und digitalisiert, ist die kontinuierliche Weiterentwicklung unserer Produkte und Dienstleistung extrem wichtig. Wir bestärken unsere Mitarbeiter deshalb darin, mutig zu sein, neue Ideen zu entwickeln und diese mit persönlichem Engagement umzusetzen."

Mut zeigt sich unter anderem aber auch darin, das geänderte Führungsverhalten selbst bei Widerständen „durchzuziehen"; denn Widerstände gibt es automatisch bei jeder Veränderung. Veränderung bedeutet, außerhalb der lieb gewonnenen Komfortzone mutig neue Handlungsmuster zu kreieren. Etwas Neues auszuprobieren ist immer auch ein Risiko, denn niemand kann genau wissen, wie sich Trends bzw. Geschäftspartner sich verändern und Märkte sich entwickeln und welche Folgen sich daraus ergeben.

„Encourage wild ideas" lautet hier das Motto, sprich: Ermutigen Sie Ihr Team regelmäßig zu „verrückten" Einfällen – oberster Grundsatz: nicht alles muss sofort auf den ersten Blick stimmig sein und sich umsetzen lassen. Sie kennen ja vielleicht den Sinnspruch: „Mancher wird erst mutig, wenn er keinen Ausweg mehr sieht" (William Faulker) – für Ihr Unternehmen sollte das Gegenteil der Fall

5.1 Die drei Eckpfeiler: Vertrauen, Mut, Wille zur Veränderung

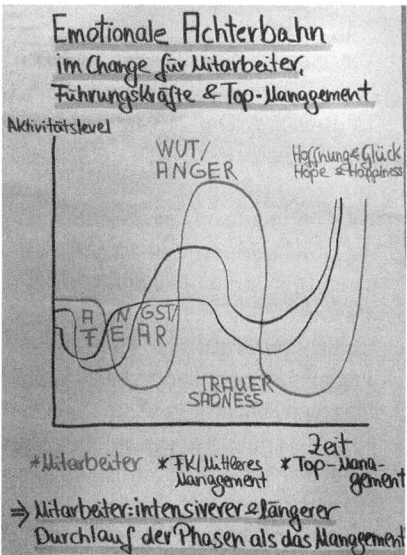

Abb. 5.1 Emotionale Achterbahn im Change

sein: Warten Sie nicht so lange ab, bis es anscheinend keinen Ausweg mehr gibt, werden Sie lieber sofort aktiv – und nicht erst dann, wenn der Druck bereits so stark ist, dass Sie nicht mehr darum herumkommen. Manchmal ergeben sich die besten Ergebnisse aus Ideen, die zunächst nicht umsetzbar schienen (siehe hierzu Abb. 5.1).

Wille zur Veränderung
Der dritte Eckfeiler eines jedes Transformationsprozesses schließlich ist die feste Absicht, mehr noch: der unumstößliche Wille, Dinge wirklich zu verändern und etwas komplett Neues schaffen zu wollen. Dieser Wille wird am allerbesten unterstützt durch eine kontinuierliche Kommunikation der Veränderung, also über deren Sinn und Zweck bzw. Zielsetzung und Mehrwert. Das Management muss geschlossen und unumstößlich hinter den Entscheidungen stehen. Ist dies nicht der Fall und wird dies von Zweiflern bzw. Gegnern des Changes bemerkt, ergibt sich daraus automatisch eine gern genommene Sollbruchstelle, um sich gemeinsam gegen die Veränderung zu stemmen bzw. diese zu torpedieren oder einfach auszusitzen.

Praxisbeispiel

Vor einigen Monaten war ich zur strategischen HR-Beratung bei einem bekannten mittelständischen Münchener Produktionsunternehmen aus der TV-Branche. Die HR-Bereichsleiterin erläuterte mir, dass in ihrem Verantwortungsbereich die üblichen Standardthemen (also das operative „Brot- und Buttergeschäft") zwar weitgehend ordentlich funktionierten, ihr HR-Führungsteam jedoch keinerlei sichtbaren Initiativen zeige, um einige aus ihrer Sicht dringend notwendige HR-Innovationen in einem immer schwierigeren Branchenumfeld auf den Weg zu bringen; ihr Ziel war es, letztlich auch das Gesamtunternehmen langfristig markt- und wettbewerbsfähig zu halten.

Sie führte das von ihr festgestellte Defizit auf fehlenden Mut zur Veränderung sowie auf einen grundsätzlichen Mangel im Wollen ihres Managementteams zurück. Darüber hinaus hatte sie den Eindruck, dass die Führungskräfte weitgehend im Alleingang agierten und untereinander nicht genügend proaktiven Austausch pflegten, sodass keine Innovationsideen entstehen konnten. Mit anderen Worten: Sie fühlte sich als HR-Gesamtverantwortliche von ihrem Team, gerade was die strategische Weiterentwicklung des Bereichs anging, allein gelassen. Gleichzeitig wusste sie aber um die hohe fachliche Qualität ihrer Abteilung und vertraute auf die vorhandenen Ressourcen.

Im Austausch entwickelten wir die Idee eines zweitägigen externen Teamworkshops, in dem ich als neutrale Moderatorin das Thema Innovation anpacken bzw. entsprechend voranbringen sollte. Vor allem ging es darum, den Mut der Truppe zu stärken und ihr den Willen zur Veränderung einzupflanzen.

Noch vor Beginn hatten sich die Teilnehmer – bestehend aus HR-Führungsverantwortlichen – selbst folgende Regeln für den Teamworkshop gesetzt: wertschätzender Umgangston (es hatte in den letzten vier Wochen wegen bestimmter Forderungen aus dem Vorstand einige Male „gescheppert"), maximale gegenseitige Offenheit bezüglich Feedback, Offenheit für Lösungen und Ideen jeglicher Art; darüber hinaus volle Vertraulichkeit und Fokus auf die beiden Tage (hier: keine Ablenkungen durch Mails oder Anrufe).

Vorab als Erstes eruierte ich vorhandene Schmerzpunkte des Teams inklusive des Einflusses auf die strategische (Weiter-)Entwicklung von HR – auf der Agenda standen die Fragen:

5.1 Die drei Eckpfeiler: Vertrauen, Mut, Wille zur Veränderung

- Welche Erwartungen hat die HR-Bereichsleiterin an den Workshop?
- Welche Erwartungen hat das Team an den Workshop?

Wir sammelten Standpunkte auf Post-it-Zetteln, die wir auf zwei unterschiedliche Metaplanwände klebten – anschließend wurden diese nebeneinandergestellt und vorgelesen. (Gleichzeitig wurde gecheckt, ob diese Erwartungen in den zwei Tagen grundsätzlich thematisch passen und erfüllt werden können. Wo dies nicht der Fall war, sprach ich dies an und wir beschlossen, diese Themen auf andere Kommunikationsformate zu verteilen.)

Im nächsten Schritt ging es um die Zusammenarbeit:

- Wahrnehmung der aktuellen Kooperation von beiden Seiten
- Erwartungen/Wünsche für die zukünftige Zusammenarbeit
- Wie ist meine aktuelle Haltung, wie sieht mein persönliches Mindset aus?
- Wofür stehen wir als Team jeden Morgen auf (unser „purpose" bzw. „why")?

Als Methode hierfür bot sich der „Golden Circle" nach Simon Sinek an (siehe hierzu Abb. 5.2). Der studierte Kulturanthropologe, der neben seiner Lehrtätigkeit unter anderem Apple beriet, veranschaulicht in seinem Kreismodell, inwiefern bei einem Unternehmen die Aspekte Warum („why"), Wie („how") und Was („what") ineinander greifen. Sein Ansatz (in Kurzfassung!): Die erfolgreichsten Firmen kommunizieren im Außenauftritt strategisch anders als ihre Mitbewerber und setzen sich dadurch von ihnen ab – sie gehen vom „Warum" aus („People don't buy, what you do. They buy, why you do it!"), also: (Was sind unsere Beweggründe unser „purpose") unsere persönlichen Anliegen, was ist unsere Daseinsberechtigung? Womit schaffen wir als HR Mehrwert? Wie wollen wir als HR das machen (Strukturen, Prozesse, Arbeitsweisen)? Was wollen wir als HR anbieten (konkrete Produkte und Services)?

Für die meisten der Workshopteilnehmer war ein solcher Ansatz fremd. Den Teilnehmern fiel es sichtlich schwer, die übergeordnete Sinnfrage, mit der sie sich bislang nur wenig auseinandergesetzt hatten, zu beantworten. Erst mit der Zeit kristallisierte sich die Antwort für die HR-Abteilung heraus.

Für das „why" wurde folgendes Statement verabschiedet: HR ist Business. Wir ziehen unseren Stolz daraus, dieses Unternehmen mit den besten Entscheidungen für Mitarbeiter innovativ und erfolgreich zu machen.

Weiter ging es mit der strategischen Ausrichtung: Wie können wir als HR und als Unternehmen insgesamt Innovation für die Zukunft entstehen lassen?

Abb. 5.2 Golden Circle

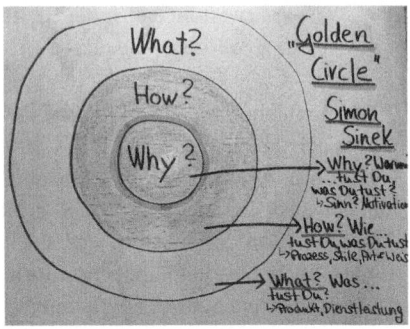

Hierfür bot sich die bereits mehrfach erwähnte Design-Thinking-Methode an (Abschn. 2.1) an: „Wie" können wir …? (How might we?) – offenes Brainstorming, zunächst ohne Bewertung mit anschließendem Clustering sowie Priorisieren der Ideenvorschläge.

Nächster Agendapunkt: das hierfür erforderliche Mindset! Welche persönliche Haltung ist erforderlich? Wie entwickelt sich daraus ein Spirit im Team (und wie wird dieser in unserer täglichen Arbeit spürbar und sichtbar)?

Abschließend machten wir uns Gedanken bezüglich einer möglichen zukünftigen Gesamtorganisationsaufstellung des Bereichs HR:

- Wie ist es generell um die Organisationsaufstellung bestellt?
- Ist unsere Teamaufstellung noch zeitgemäß?
- Welche Veränderungen müssen wir im aktuellen Marktumfeld vornehmen, um unsere Ziele zu erreichen?

Mein Input dazu war: *agile Aufstellung, Führung flach, Fokus auf Projektorganisation, Standardisierung/starke Automatisierung von Routineaufgaben.*

Methoden: Diskussion im Plenum, Aufteilen in Kleingruppen, Vorstellung der Ergebnisse.

Nach zwei intensiven Tagen einigte sich das Team auf mehrere wesentliche Aktionspunkte:

Erstens: sukzessiver Wegfall einer Hierarchiestufe, damit verbunden Stärkung der Eigenverantwortung und Selbstführung im Team.

Zweitens: eine Corporate-Development-Gruppe mit den Zielen Weiterentwicklung bzw. marktstrategische Ausrichtung des HR-Bereichs sowie Stärkung von Innovationskraft; deren Mitglieder wurden für die ersten drei

Monate festgelegt (hier: zwei Angehörige des Führungsteams, ergänzt um drei „normale" Mitarbeiter bzw. drei noch zu definierende Talente aus unterschiedlichen Bereichen).

Drittens: Hinsichtlich der Veränderung im Mindset wurden agile Führungsleitlinien festgezurrt, die sich sehr stark an den 10 „Qualities of Leadership" von Google (aus dem Projekt „Oxygen") orientierten, als da wären: [1]

1. Be a good coach.
2. Empower your team and don't micromanage.
3. Express interest in your team members' success and well-being.
4. Be productive and results-oriented.
5. Be a good communicator and listen to your team.
6. Help your employees with career development.
7. Have a clear vision and strategy for the team.
8. Have technical skills so you can advise the team.
9. Collaborating across the organization.
10. Make decisions.

Der Grad der gelungenen Übertragung dieser Führungsleitlinien in die Praxis sollte nach einem halben Jahr durch eine Mitarbeiterbefragung evaluiert – und gegebenenfalls durch weitere Maßnahmen nachgebessert – werden.

Zusammenfassend lässt sich festhalten: Ausgehend von dem grundsätzlich vorhandenen Vertrauen der Personalleiterin in die Fähigkeiten ihrer Abteilung gelang es durch den Teamworkshop, allen HR-Beteiligten die Einsicht in die Notwendigkeit von Innovation zu kommunizieren bzw. diese anzustoßen. Dafür wurde anhand der Eckpfeiler Vertrauen, Mut und Wille zur Veränderung eine gemeinsame Teambasis geschaffen.

5.2 Kickertisch & Co. reichen nicht – Was die agile Arbeitsumgebung wirksam befeuert!

Die Arbeitsumgebung hat eine nicht zu unterschätzende Auswirkung auf das Wohlbefinden des Mitarbeiters und damit letztlich auch auf den unternehmerischen Erfolg. Gerade die jüngeren Generationen („Generation Y" und „Z") reagieren sehr stark auf ein stylisches Umfeld – ein Kickertisch in irgendeiner abgelegenen Ecke oder ein Billardtisch alleine reichen dafür aber bei Weitem nicht aus.

Praxisbeispiel 1

Bei einem traditionell geführten schwäbischen Hoch- und Tiefbauunternehmen lehnten zweimal innerhalb kurzer Zeit sehr qualifizierte Wunschkandidaten (ein HR-Manager und ein Jungingenieur) zur großen Überraschung des HR-Bereichsleiters gut dotierte Stellenangebote ab (ich war als externe Unterstützung im Recruitingprozess involviert). Als einen wesentlichen Punkt für die Absage nannten beide die Gestaltung des Bürokomplexes. Sie konnten sich nicht vorstellen, ihren Arbeitstag in Zimmern zu verbringen, die an einem langen, schmalen, dunklen Gang lagen. In dem Unternehmen war es üblich, in Einzelbüros und hinter geschlossenen Türen zu arbeiten; die Büros selbst hatten eine etwas in die Jahre gekommene Einrichtung, die nicht ihren Vorstellungen einer modernen Arbeitsumgebung entsprach.

Hier wäre es nicht damit getan gewesen, einfach einen Kickertisch oder eine Billardplatte als Entspannung für die Mittagspause aufzustellen. Dies ist zwar grundsätzlich eine gute Idee, muss aber ins Gesamtkonzept der Umgebungsgestaltung passen.

Mir war sofort klar, dass es mit ein paar kosmetischen Korrekturen – sprich: Farben, Vorhänge, höhenverstellbare Schreibtische – hier nicht getan war. Die gesamte Bürofläche benötigte eine komplette Umgestaltung, um die Kommunikation in heterogenen Projektteams überhaupt erst zu ermöglichen und um auf die veränderten Anforderungen in einer modernen Arbeitswelt entsprechend reagieren zu können.

Das Thema wurde vonseiten der Unternehmensführung erkannt: Man engagierte einen Dienstleister für Arbeitsplatzdesign und nahm dafür auch Geld in die Hand. Als ich ein Jahr später die Firma erneut bei einem Recruitingprozess unterstützte, hatte sich, was das Ambiente anging, vieles zum Positiven verändert: Der HR-Bereich war professionell in eine Bürofläche mit verschiedenen Zonen umgestaltet worden (und orientierte sich in Teilen am Microsoft-Raumkonzept in München-Schwabing) – offene, helle, sympathische Räume mit bodentiefen Fenstern, Fokuszonen für konzentriertes Arbeiten, Kommunikationszonen für Austausch und Dialog sowie eine Gemeinschaftszone mit Kaffeebar, Kühlschrank (mit Gratisgetränken), Sitzecke und Kickertisch. Seither hat nie mehr ein Wunschbewerber mit der Begründung der Arbeitsplatzgestaltung ein Stellenangebot abgelehnt. Die meisten bestehenden Mitarbeiter gewöhnten sich schnell an ihre neue Umgebung. Die Umstellung der Arbeitsfläche wurde von umfangreichen Kommunikationsmaßnahmen, unter anderem einer ausgiebigen Housewarming-Party, begleitet.

Praxisbeispiel 2

Ein global agierender französischer Textilhersteller plante zum Umzug seiner Deutschlandzentrale nach München auf Veranlassung der Personalleitung einen Bereich speziell für Arbeiten in agilen Methoden. Stolz präsentierte mir die HR-Leiterin, während ich für eine Workshopmoderation vor Ort war, diesen Raum. Eine Wand bestand aus einer bodentiefen Fensterfront, sodass viel Licht hereinfiel. Kurioserweise enthielt das Zimmer lediglich ein Flipchart und war ansonsten komplett leer, ein stylisches, raumhohes Holzregal deckte eine weitere Wand ab – darin befand sich ein gutes Dutzend gold- und silberfarbener Kunststoffhocker, die als Sitzgelegenheiten für diejenigen Mitarbeiter dienen sollten, die hier agil arbeiten sollten.

Beim ersten Testlauf, bei dem mit Design Thinking ein Produktinnovationsworkshop stattfand, stellte sich heraus, dass dem Raum diverse Einrichtungsgegenstände wie ein Stehtisch mit entsprechenden hohen Hockern sowie eine Metaplanwand fehlten (die vorhandenen Hocker eigneten sich nicht dafür). Auch hafteten Post-it-Zettel nicht an der Oberfläche der leicht angerauten Wand. Auf meine Rückfrage, ob der Raum nicht noch weiter ausgestattet werden solle, teilte man mir mit, dass man versuchen wolle, die meiste Zeit im Stehen zu arbeiten und bei Bedarf die Hocker zu nutzen.

Dieses Beispiel zeigt, dass bei der Einrichtung von für agiles Arbeiten bereitgestellten Räumen nutzen- und benutzerzentriert gedacht werden muss – hier war noch Nachbesserungsbedarf gegeben. Bis zu diesem Zeitpunkt existierte in diesem Unternehmen offenbar nur eine vage Vorstellung davon, wie agiles Arbeiten funktioniert bzw. welche Hilfsmittel konkret vorhanden sein müssen.

Wie ging man mit diesen Erkenntnissen um?

Die Wand wurde von der Malerfirma, die ohnehin noch im Hause tätig war, entsprechend bearbeitet, sodass danach die Zettel hafteten. Zudem wurden zwei rechteckige Tische ergänzt, die höhenverstellbar waren und mit Rollen verschoben werden konnten. Weiterhin wurden Time Timer aufgestellt, Post-it-Blöcke in verschiedenen Farben für Colour-Coding sowie Prototyping-Material („Stabilo 68"-Spezialstift, Styroporringe, -kügelchen, -formen, Holzstäbchen, Lego, Moosgummi, Schere, Klebstoff usw.) platziert.

Zu guter Letzt wurden noch die zwölf agilen Prinzipien (Abschn. 1.1) aufgehängt und drei Sitzsäcke aufgestellt. Damit waren von der Personalabteilung beste Voraussetzungen für die erfolgreiche Nutzung des Raumes mit agilen Methoden geschaffen.

5.3 „Fail fast, fail cheap!" – Fehlerkultur fördern

„Fail often to succeed sooner."
Tom Kelly, General Manager der Design- und Innovationsberatungsagentur „IDEO"

Das klassische Denkmuster lautet: Scheitern ist schmerzhaft. Oftmals auch teuer. Und es hat Folgen. Nach diesem herkömmlichen Verständnis sind Fehler etwas, was es zu vermeiden gilt. Sie sind peinlich und werden, sofern möglich, vermieden bzw. – sollten sie entstehen – vertuscht. Nach agilem Verständnis jedoch *müssen* Fehler gemacht werden. Misserfolge sind geradezu Grundlage und Voraussetzung für jegliche Innovation. Das gesamte agile Arbeiten lebt ja geradezu von iterativen Schleifen, also: ausprobieren, (im frühen Stadium) Fehler machen, Erfahrungen sammeln/lernen, anpassen, Dinge verändern, weitermachen!

Thomas J. Watson (1874–1956), der Gründer des US-amerikanischen Computerriesen IBM, setzte erst einmal mehrere Firmen in den Sand, ehe er 1911 eine zündende Idee für Lochkarten- und Sortiermaschinen hatte und mit **I**nternational **B**usiness **M**achines Corporation den Grundstein für einen der weltweit größten Spezialisten für Hard- und Softwarelösungen legte. Sein Biograf Kevin Maney zitiert ihn mit den Worten: „Um erfolgreich zu werden, muss man seine Fehlerquote *verdoppeln*" [2].

Was zunächst kurios klingt, hat viel Wahres in sich. Anstatt krampfhaft an dem häufig praktizierten „Was-läuft-falsch-und-wer-ist-schuld?"-Modus festzuhalten, meint modernes HR-Management vor allem eines: gemeinsam aus Fehlern zu lernen … um dann neu – und hoffentlich erfolgreicher – durchzustarten. Ich bin sogar der festen Überzeugung: Eine gesunde Fehlerkultur ist für jedes erfolgreiche Unternehmen unverzichtbar. Nirgends lässt sich so viel lernen wie aus Fehlern. Unverzichtbar ist ebenso Selbstkritik: Wie kann ich meine Abteilung verändern … und was brauche ich dafür?

Wie kann die vielbeschworene Fehlerkultur im Unternehmen aber tatsächlich entstehen und dauerhaft etabliert werden?

Eine gesunde „Trial-and-Error-Kultur" ist Grundlage jeglicher wirklicher Innovation und Kreativität – und für alle Arten disruptiver Ideen nötig. Doch wie bei jeder Veränderung ist auch hier die Vorbildfunktion entscheidend, sprich: die Unternehmensleitung selbst muss die veränderte Kultur „von oben" vorleben, also demonstrieren – und kommunizieren(!) –, dass Fehlermachen ein ganz normaler Vorgang ist. Anders gesagt: Fehler werden nicht versteckt, sondern zugegeben, öffentlich gemacht; derjenige, der sie gemacht hat, steht dazu – und was am meisten überraschen sollte: Es ist gar nicht schlimm, den Fehler gemacht zu haben. Denn man wird daraus lernen. Fehler passieren häufig, weil Informationen fehl(t)en. Und: Fehler von Mitarbeitern sind häufig Fehler der Führungskraft. Nun entspricht dies alles überhaupt nicht der deutschen Vorstellung von Gründlichkeit und Perfektion. Somit ist die beschriebene Fehlerkultur gerade für diejenigen, die sie vorleben sollen – oftmals Angehörige der Generation „Babyboomer" –, eine besondere Herausforderung. Denn diese Menschen haben tief verinnerlicht, dass Fehler etwas Schlechtes sind, was es unbedingt zu vermeiden gilt. Durch ihre Sozialisation sind sie darauf getrimmt, besonders vorsichtig zu agieren und möglichst nichts falsch zu machen... geschweige denn öffentlich dazu zu stehen. Und nun soll für sie plötzlich die Maxime gelten, Fehler als Lernfeld, ja gar als Chance, zu begreifen ... und auf diese für sie höchst unkonventionelle Weise das Unternehmen weiterzubringen!

Praxisbeispiel 1

Vor einigen Monaten war ich im Rahmen eines Projektes zur agilen Transformation bei einem mittelständischen Unternehmen im Foodbereich. Auch hier löste die angestrebte Etablierung einer Fehlerkultur im Rahmen des digitalen Transformationsprozesses innerhalb des (heterogen besetzten) Managements eine leidenschaftliche Diskussion aus. Da der Begriff „Fehler" in den Augen des Managements in Deutschland nach wie vor negativ belegt sei, änderten sie den Terminus „Fehlerkultur" kurzerhand in „Kultur des Ausprobieren" um. Den Mitarbeitern sollte so Mut gemacht werden, bewusst einmal andere Wege zu gehen. Auch wurde im Rahmen der dazugehörigen Kommunikationskampagne explizit verdeutlicht, dass bewusst Budget für Folgen etwaiger Fehler bereitgestellt worden sei. Dieses Budget war in den Jahren zuvor im Übrigen auch bereits vorgesehen (und verbraucht) gewesen, es war nur nicht so explizit tituliert worden.

Diese Ankündigung war für das Unternehmen geradezu revolutionär, nahm Druck aus dem Thema und stärkte die Bereitschaft sich darauf einzulassen. Der CEO selbst startete in einem Intranetartikel als Erster mit einem Fehler, der ihm in den letzten Wochen unterlaufen sei. Er machte klar deutlich, wie wichtig es ihm war, diese Erfahrung gemacht zu haben und welche Lehren er daraus gezogen hatte. Worum ging es dabei?

Seine Einführung eines Feedbacktools, auf welches er bei einer Messeveranstaltung aufmerksam geworden (und von dem er ziemlich begeistert) war, erwies sich als Flop. In der tatsächlichen Umsetzung entpuppte es sich als ein Medium mit viel zu wenigen Auswertungsmöglichkeiten und nur geringer Aussagekraft hinsichtlich Mitarbeiterzufriedenheit. Sein Learning aus diesem Prozess war, demnächst Mitarbeiter und Führungskräfte sowie den Betriebsrat von Anfang an enger einzubeziehen. Einmal im Monat erschien nun im Intranet jeweils ein Artikel aus der Serie „Unsere besten Fehler …"

Praxisbeispiel 2
Auch in meiner eigenen Tätigkeit als HR-Business-Partner für die eigene Personalabteilung führten wir, inspiriert durch eine Reise ins Silicon Valley, zur Stärkung der Fehler- und Feedbackkultur kleine Schiefertafeln ein, die mit Kreide beschrieben wurden. Sie hingen an einem zentralen Platz, nämlich der Kaffeeküche an zwei Wänden. Eine Wand war geschmückt von Täfelchen mit Erfolgen; die andere Wand enthielt solche, die überschrieben waren mit „Beim nächsten Mal anders …" (also: Fehler bzw. Learnings).

Zugegebenermaßen waren die Täfelchen mit den Erfolgen regelmäßig in der Überzahl. Doch mit der Zeit füllten sich auch die anderen Täfelchen mit den Learnings und es gab so manchen Augenzwinkler und Lacher. Im quartalsweise stattfindenden Gesamtteam-Meeting wurden die Tafeln hoch gehalten sowie – sofern nötig – erläutert, in jedem Fall jedoch ausnahmslos beklatscht.

Nennungen für „Erfolge" waren zum Beispiel: Prüfung der Sozialversicherung ohne Beanstandungen, 50 Neueinstellungen in zwei Monaten, Standortverlagerung genau im Zeitplan usw.

Die Tafeln mit „Learning" enthielten Meldungen wie: Entsendung zweier Führungskräfte in die USA mit großen Zeitaufwand und administrativen Doppelschleifen, Standardprozess für Elternzeit im neuen System festlegen und ausrollen, Foliensatz beim Town-Hall-Meeting verwechselt usw.

Als besonders positiv und vertrauensfördernd empfanden es die Mitarbeiter, wenn die Führungskräfte und sogar die Personalvorständin selbst öffentlich zu ihren Fehlern standen – das schaffte eine große Akzeptanz für die neu zu entwickelnde Kultur.

Exkurs: Schöner scheitern mit „Fuckup nights"!
Einige Unternehmen sind inzwischen dazu übergegangen, so genannte „Fuckup Nights" zu veranstalten. Entstanden ist diese Idee aus einer globalen Fuckup-Nights-Bewegung 2012 in Mexiko. Ziel war es, das Scheitern von Startups öffentlich zu teilen. Bei jedem Event nehmen noch heute Hunderte Menschen teil, um erfolgreichen Entrepreneurs zuzuhören, wie sie im Nachhinein über das eigene anfängliche Scheitern sprechen. Jeder Speaker hat zehn Minuten Zeit und darf bis zu zehn Bilder nutzen, um seine „fail-story" zu schildern. Nach jedem

Speaker gibt es eine Frage-/Antwort-Session sowie Zeit zum Netzwerken – hier einige Websites zum Thema: www.Fuckupnights.com, www.fun-Ruhr.de, www.Fuckups.de.

Ein bekanntes Beispiel für Deutschland ist die Otto Group: Mitarbeiter des Unternehmens stellen – zunächst für alle Kollegen sichtbar – ihre größten Fuckups auf sehr persönliche und individuelle Weise in zwanzig- bis dreißigminütigen Schilderungen öffentlich dar; anschließend werden einzelne davon sogar (leicht bearbeitet!) auf YouTube gestellt und somit der breiten Öffentlichkeit zugänglich gemacht. Oftmals werden die Fuckup-Nights-Events sogar an verschiedene Standorte des Unternehmens gestreamt – jeder Mitarbeiter (oder auch ganze Abteilungen!) kann sich auf seinem Firmen-PC live dazu schalten.

5.4 „Wer A sagt, muss nicht B sagen!" … auch mal unbequeme Entscheidungen treffen

> *„Es gehört oft mehr Mut dazu, seine Meinung zu ändern,*
> *als ihr treu zu bleiben."*
> Friedrich Hebbel, 1813–1863, deutscher Dramatiker und Lyriker

Wie schon mehrfach erwähnt: Grundprinzip agilen Arbeitens sind iterative Schleifen, die dadurch gekennzeichnet sind, dass nach dem „Build-Measure-Learn-Prinzip" von Eric Ries vorgegangen wird, das heißt, mit einer Produkt- oder Dienstleistungsidee zu starten, also einen ersten Prototyp zu kreieren (= minimal viable product), der danach entweder bis zu seiner Vermarktungsreife immer weiterentwickelt – oder aber begraben – wird. Hierzu eine Erfahrung mit einem globalen Unternehmen aus der Pharmabranche (OTC-Bereich, also freiverkäufliche Produkte) im süddeutschen Raum: Dieses wollte die Vertriebssoftware auf grundlegend neue Beine stellen.

Praxisbeispiel

Die Vertriebsleitung war unzufrieden mit ihrem bestehenden Vertriebssystem, welches Kundeninformationen nur fragmentarisch abbildete und eine lediglich rudimentäre Auswertung von Umsatzzahlen und sonstigen Daten ermöglichte. Es ging darum, diese Lücken zu schließen und für eine moderne Vertriebsorganisation umsatztechnisch relevante Zusatzinformationen im System abzubilden bzw. auf Knopfdruck auszuwerten. Ziel war ein Umsatzwachs von mindestens fünf % jährlich.

In dem hierfür heterogen zusammengestellten Projektteam war es Aufgabe der HR-Abteilung, ein komplett neues, qualifiziertes IT-Team zu rekrutieren, in die bestehende IT-Organisation zu integrieren und möglichst rasch arbeitsfähig werden zu lassen (zügiges Onboarding). Nach Unternehmensvorstellung sollte die Truppe baldmöglichst eine eigene, speziell auf die Firmenbedürfnisse zugeschnittene Softwarelösung präsentieren.

Bereits der Recruitingprozess gestaltete sich angesichts der angespannten Marktsituation für IT-Fachleute schwierig, da in der Region gerade kaum geeignete Java Script-Entwickler verfügbar waren. Zum Start am 1. Juli fehlten noch zwei Entwickler; so wurde entschieden, diese Lücke zunächst mit Freelancern aufzufüllen und parallel weiterzusuchen. Das Team arbeitete nach der Scrum-Methode (Abschn. 2.4), nach Zwei-Wochen-Sprints präsentierte man den ersten Prototyp (=Increment) für die Vertriebsleitung Mitte September. Dabei stellte sich jedoch schnell heraus, dass die Programmierung viel langsamer vonstatten ging als ursprünglich optimistisch angenommen. Auch hatten die beiden Freelancer inzwischen andere Aufträge übernommen und mussten das Team Anfang Oktober verlassen, ein weiterer Festangestellter konnte wegen seiner viermonatigen Kündigungsfrist beim alten Arbeitgeber erst zum November hinzustoßen.

Parallel hatte die Vertriebsleitung die externe Entwicklung von CRM-Systemen (=Customer Relationship Management) beobachtet – dabei stieß der CIO (=Chief Information Officer) bei einer Messe auf einen Anbieter, der dort ein neuartiges Softwareprodukt vorgestellt hatte. Aufgrund der internen Schwierigkeiten mit den Ressourcen und der Möglichkeit mit einem externen Dienstleister zusammenzuarbeiten, der zu akzeptablen Konditionen das komplette Dienstleistungspaket (inklusive Customizing und Hotlinebetreuung) zu übernehmen bereit war, traf die Vertriebsleitung in Abstimmung mit der Geschäftsführung die Entscheidung, das Projekt intern einzustellen und die Dienstleistung outzusocurcen.

Nach klassischer Projektmanagementmethode hätte man sich für eine Methode entschieden und alles bis zum go-life (=Rollout des Systems) durchgezogen; in diesem Fall erfolgte nach agiler Arbeitsweise schon in einem sehr frühen Stadium eine Kurskorrektur, ganz nach dem Motto „Fail fast, fail cheap". So konnten zusätzliche Aufwendungen (Geld- und Personalressourcen) frühzeitig vermieden bzw. eingespart werden. Die schon eingestellten Entwickler konnten intern problemlos in andere Teams auf offene Stellen wechseln.

Der externe Dienstleister erwies sich als zuverlässig und vermochte – von geringen Abweichungen im Zeitplan abgesehen – die versprochenen Anforderungen zu erfüllen. Das Pharmaunternehmen hatte durch das neue Softwarepaket einen deutlich besseren Zugriff und Überblick über Kundendaten, konnte daher zielgerichteter Marketingaktionen steuern und im folgenden Geschäftsjahr einen Umsatzzuwachs von 4,7 % verbuchen. Die Vertriebsleitung war sich sicher, dass dies nicht erreicht worden wäre, wenn man an der ursprünglichen Vorstellung einer komplett internen Lösung unflexibel festgehalten hätte.

5.5 Hierarchien ade! – Feedback, Flexibilität, Fantasie

Wie bereits anhand verschiedener Praxisbeispiele gezeigt, spielen Hierarchien in der agilen Arbeitswelt keine (bedeutende) Rolle mehr. Eine wichtige Funktion nehmen stattdessen bewusst offen gehaltene, kurze Feedbackschleifen ein. Feedback darf nie ein persönlicher Angriff sein, Fachebene und Beziehungsebene sind stets sauber zu trennen. Konstruktives Feedback folgt immer der 3W-Regel (Abschn. 3.1). So wie Produkte und Dienstleistungen sich ständig in iterativen Schleifen weiterentwickeln, so verhält es auch mit der Zusammenarbeit im Team. Kooperation ist kontinuierliches Lernen und permanente Weiterentwicklung.

> **Übersicht**
> Ein HR-Manager gibt einem Kollegen professionell Feedback (siehe hierzu Abb. 5.3 und 5.4).
> Erstes „W": „Ich habe beobachtet, dass du beim Vorstellungsgespräch keine Einleitung für das Interview formuliert und dem Bewerber die Teilnehmer im Raum nicht vorgestellt hast."
> Zweites „W": „Das hat auf mich unprofessionell gewirkt."
> Drittes „W": „Mein Wunsch/mein Tipp/meine Empfehlung wäre, dass du bei zukünftigen Interviews sowohl das Unternehmen als auch die Teilnehmer im Raum vorstellst."

Abb. 5.3 Feedback geben

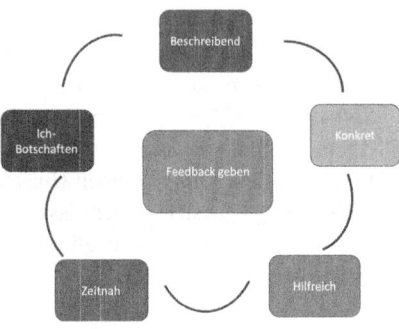

Abb. 5.4 Feedback nehmen

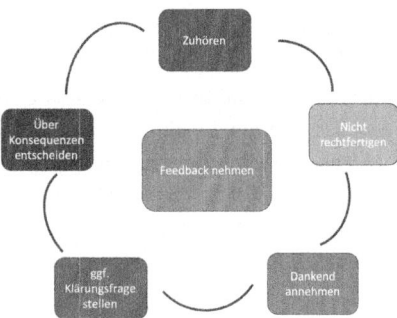

Diese Regeln (siehe hierzu auch Abb. 5.5) sind zwar alles andere als neu, sie kommen jedoch in der agilen Arbeitswelt vermehrt zum Tragen – ohne Feeback-kultur keine wirkliche Weiterentwicklung in Teams und Unternehmen! Dies mag das folgende Beispiel veranschaulichen.

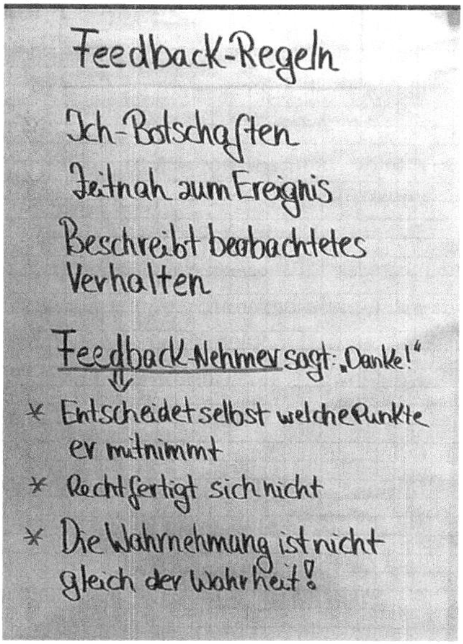

5.5 Hierarchien ade! – Feedback, Flexibilität, Fantasie

Abb. 5.5 Feedback-Regeln

Feedback-Regeln

Ich-Botschaften
Zeitnah zum Ereignis
Beschreibt beobachtetes Verhalten

Feedback-Nehmer sagt: „Danke!"
* Entscheidet selbst welche Punkte er mitnimmt
* Rechtfertigt sich nicht
* Die Wahrnehmung ist nicht gleich der Wahrheit!

Praxisbeispiel

In Vorbereitung auf demnächst stattfindende Mitarbeiterentwicklungsgespräche führte ich bei einem Energieversorgungsunternehmen in München, das noch nicht nach agiler Kultur arbeitete, mehrere interaktive Halbtagestrainings mit den Führungskräften durch. Man wollte erstmalig strukturierte Entwicklungsgespräche obligatorisch einführen und so ein verändertes Mindset schaffen, um sich mittelfristig hin in Richtung Agilität zu entwickeln. Im Wesentlichen ging es zunächst um zwei Punkte: Feedback an den Mitarbeiter mit Aufzeigen möglicher Entwicklungsschritte (als Orientierung gab es einen entsprechenden Leitfaden an die Hand), Feedback des Mitarbeiters einholen (der Mitarbeiter bekam dafür auch einen Vorbereitungsbogen).

Die Führungskräfte führten im Plenum Beispiele an, wie sie aktuell Feedbackkultur in ihren Teams leben – hier einige Originaltöne:

„Der Dreh für den Automobil-Werbespot ist mal wieder total scheiße gelaufen."

„Hier lassen alle immer ihre Sachen im Kühlschrank liegen, niemand reinigt die Kaffeemaschine. Und muss denn hier immer alles durcheinander rumliegen?"

„Meine Mitarbeiter merken ganz von selber, wenn sie Mist gebaut haben – da brauche ich gar nichts zu sagen, das sehen die schon unmissverständlich an meinem Gesicht."

"Meine Mitarbeiterin hat jetzt schon mehrmals die Deadline versemmelt, da hab ich ihr gesagt: ‚Wenn das nochmal passiert, bekommen wir ein ernsthaftes Problem miteinander.'"

„Als mich Daniel kürzlich um Feedback bat, konnte ich ihm direkt drei Punkte nennen, an denen er noch arbeiten muss: er soll mehr Eigenverantwortung übernehmen, eine höhere Selbstständigkeit an den Tag legen und an seiner Kommunikation arbeiten."

„Mir fällt schon seit einem halben Jahr auf, dass irgendwie alle Kostenlisten nicht vernünftig gepflegt sind – was soll das? Das muss besser werden!"

All diese Sätze sind kein Feedback – aus unterschiedlichen Gründen. Hier ging es um Beschuldigungen, das Androhen von disziplinarischen Maßnahmen und um ganz allgemeine Statements, die im Nachgang eine stark demotivierende Wirkung haben. Die Äußerungen kamen zustande aus einem falsch verstandenen Führungsverständnis. Mit Best-Practice-Feedback haben sie nichts zu tun, denn die Mitarbeiter können damit nichts anfangen, da sie viel zu unkonkret und wenig wertschätzend sind.

Bevor in die konkrete Sacharbeit mittels Rollenspielen eingetaucht werden konnte, galt es vorab erst mal zwei Missverständnisse zu klären:

1. Mit Feedback verbinden die allermeisten Menschen immer nur kritische Rückmeldungen, die irgendwie „verpackt" werden müssen, damit das Gegenüber sie annehmen kann. So ist es nicht: Feedback darf (und soll) gerne auch positiv sein. Meine persönliche Regel: fünfmal positives Feedback für einmal negatives Feedback. Es braucht mit positivem Feedback Beweise dafür, dass die Führungskraft es „gut mit den Mitarbeitern" meint. So baut sich ein gegenseitiges Vertrauen auf; auf dieser Grundlage können auch kritische Themen offen und lösungsorientiert angesprochen werden.
2. Ein (kontrollierter) Wutausbruch kann in bestimmten Situationen durchaus mal ein passendes Führungsinstrument sein, es ist jedoch kein Feedback – dies darf nicht miteinander verwechselt werden. Vor allem sollte er nicht mit der Erwartung verbunden sein, dass sich jetzt konkret etwas verändert. Natürlich könnte man meinen, dass nach einem Wutausbruch ausstehende Excel-Listen jetzt endlich bearbeitet werden – ein Wutausbruch stellt jedoch keine Grundlage für eine offene Aussprache dar. Insbesondere wird er nicht zu einer konkreten Klärung des Grundes führen, da die Mitarbeiter womöglich so verschreckt sind, dass sie nicht mehr darüber reden werden, weshalb der Arbeitsablauf stockte – letzteres sollte die Führungskraft aber unbedingt wissen.

Nach Input zu professionellem Feedback (siehe hierzu Abb. 5.5) formulierten die Führungskräfte in Kleingruppen Best-Practice-Feedback und übten

5.5 Hierarchien ade! – Feedback, Flexibilität, Fantasie

es in Rollenspielen. Aus dem ersten Statement „Der Dreh für den Automobil-Werbespot ist mal wieder total scheiße gelaufen" wurde dann: „Ich habe beim Dreh für den Automobil-Werbespot gesehen, dass nicht unser komplettes Equipment zum Drehort mitgenommen wurde: so fehlte eine Zusatzkamera und zusätzliche Leuchtmittel, was eine Improvisation nötig machte. Das hat auf mich unprofessionell gewirkt. Mein dringender Wunsch ist, dass ihr zukünftig im Team besser plant, damit das nicht nochmal vorkommt."

Das Feedback an Daniel (siehe oben!) lautete nun:

Im letzten halben Jahr habe ich beobachtet, dass du sehr kreativ und offen an Stoffentwicklungen für Werbespots herangegangen bist. Du hast neue Ideen eingebracht, das wirkte auf mich erfrischend neu. Mein Wunsch ist es, genau dieses Out-of-the-Box-Denken beizubehalten und gerne noch weiter auszubauen *(erstes Feedback)*. Bei dem Automobil-Dreh habe ich dich oft im Hintergrund stehen gesehen. Als der Dreh an einer kritischen Stelle stockte, hast du dich nicht an der Diskussion beteiligt – das wirkte auf mich zurückhaltend und wenig initiativ. Hier wünsche ich mir in Zukunft, dass du auch am Dreh die gleiche Initiative an den Tag legst wie bei der Vorbereitung und proaktiv in die Kommunikation mit den Kollegen einsteigst *(zweites Feedback)*.

Die Führungskräfte hatten in den interaktiven Trainings zahlreiche Aha-Erlebnisse und verließen den Tagungsraum mit einer sehr konkreten Vorbereitung für die zeitnah anstehenden Mitarbeitergespräche. Rückmeldungen der Mitarbeiter bestätigten, dass das vorbereitende Training sich gelohnt hatte. Der Austausch und die Rückmeldungen wurden als sehr praxisorientiert und wertschätzend wahrgenommen. Einige Gruppen beschlossen, sich zukünftig zum Austausch zu treffen.

Wichtig

Der Feedbacknehmer soll sich am Ende des Gesprächs bedanken, aber sich nicht rechtfertigen oder sein Verhalten zu erklären versuchen. Es liegt allein in der Entscheidung des Feedbacknehmers, ob er die Rückmeldung annehmen kann/will oder nicht. Nimmt er es an, so wird er sein Verhalten zu ändern versuchen. Falls er sich entscheidet, es nicht anzunehmen (weil er es anders sieht), so wird er sein Verhalten auch nicht ändern.

Gerade in der agilen Welt ist eine solche Best-Practice-Feedbackkultur essenziell, da Hierarchien (also: control and demand) nur noch eine deutlich untergeordnete Rolle spielen, es wird mehr Verantwortung an die Teams abgegeben; stattdessen erfolgt (Weiter-)Entwicklung über Flexibilität, fantasievolle Gemeinschaftslösungen und regelmäßige Rückmeldungen.

Und hier noch ein Podcast darüber, wie Arbeit in Zukunft aussehen könnte: https://www.onthewaytonewwork.com.

> **Ihr Transfer in die Praxis**
>
> - Gehen Sie als Vorbild voran, prägen Sie eine Fehlerkultur! Der erste Fehler gehört Ihnen – machen Sie öffentlich, wann und wie Sie falsch gehandelt haben!
> - Planen Sie bewusst für Fehler ein und bestehen Sie darauf, dass ungewohnte Wege gegangen und Dinge ausprobiert werden!
> - Feedback ab heute nach Feedback-Regeln (3W-Regel, Ich-Botschaften) – viele positive Rückmeldungen an Ihr Team!

Literatur

1. www.Google.de (Unternehmensseite)
2. Maney, Kevin, The Maverick and his machine. Thomas Watson Sr. and the making of IBM, Wiley, New York, NY 2003.

Weiterführende Literatur

Covey, Stephen M.R./Merril, Rebecca R., Schnelligkeit durch Vertrauen: Die unterschätzte ökonomische Macht, Gabal-Verlag, Offenbach 2009.

Hackl, Benedikt/Gerpott, Fabiola, HR 2020 – Personalmanagement der Zukunft: Strategien umsetzen, Individualität unterstützen, Agilität ermöglichen. Verlag Vahlen, München 2015.

Hofert, Svenja, Das agile Mindset: Mitarbeiter entwickeln, Zukunft der Arbeit gestalten, Springer-Gabler, Wiesbaden 2018.

Kotter, John, Das Pinguin-Prinzip. Wie Veränderung zum Erfolg führt, Droemer-Verlag, München 2009.

Laloux, Frederic/Appert, Etienne, Reinventing Organizations. Ein illustrierter Leitfaden sinnstiftender Formen der Zusammenarbeit, Verlag Vahlen, München 2017.

Summerer, Alois/Maisberger, Paul, Teamwork agil gestalten. Das Mitmachbuch, Carl Hanser-Verlag, München 2018.

Zapf, Lars/Creutzburg, Martin, Agil ist eine Haltung – Warum Unternehmen bei der Einführung scheitern, wenn sie Agilität als ein Set von Methoden verstehen, in: Hays Blog vom 17.07.2018 (https://blog.hays.de/agil-ist-eine-haltung-warum-unternehmen-bei-der-einfuehrung-scheitern-wenn-sie-agilitaet-als-ein-set-von-methoden-verstehen).

www.Fuckupnights.com
www.fun-Ruhr.de
www.Fuckups.de
www.ted.com – TED-Talks sind Videos von Experten aus den Bereichen Bildung, Wirtschaft, Wissenschaft, Technik und Kreativität mit Untertiteln in mehr als 100 Sprachen.
www.onthewaytonewwork.com/

Zusammenfassung: 10 Mythen agiler Arbeitsweisen

Der aktuelle Hype um agiles Arbeiten hat dazu geführt, dass sich verschiedenste abenteuerliche Mythen gebildet haben. So begegne ich häufig der Ansicht, „agil" bedeute im Grunde nichts anderes als flexibel, spontan, schnell, sprich: ad hoc, zu arbeiten. In einigen Fällen kann das kurzfristig durchaus klappen, ganz nach dem Motto: „Da hat einer nicht gewusst, dass es nicht geht … und hat es zufällig (richtig) gemacht." In den allermeisten Fällen jedoch führt unstrukturierte (Hyper-)Aktivität unweigerlich in eine Sackgasse. Hier auf einen Blick die häufigsten Mythen zum agilen Arbeiten:

1. „Agil heißt ad hoc!"
Diese knappe Formel ist vielleicht das häufigste Missverständnis. Fakt ist: Agilität steht für Schnelligkeit und Anpassungsfähigkeit. Durch den Einsatz agiler Methoden kann Ihr Team reaktionsfähiger werden und Produkte nach Kundenfeedback flexibler anpassen. Worum es nicht geht: Dauer-Improvisation oder Verzicht auf Struktur und Planung – Agilität „lebt" von Priorisierung, Fokussierung und permanenter Teamkommunikation. Ihr Team wird in die Lage versetzt, besser zu erkennen, wo Prioritäten gesetzt werden müssen. Dabei wird so vorausschauend kooperiert, dass trotz einer Flut von Anfragen kein Teammitglied überfordert ist oder Engpässe für das Team als Ganzes entstehen.

2. „Führung wird jetzt richtig einfach: Macht einfach ‚was Ihr wollt!'"
Manche Führungskräfte nehmen das Konzept „agile Führung" zum Anlass, sich komplett aus der Führungsrolle zurückzuziehen. Gerade sogenannte „Sandwich-Positionen", die neben der Mitarbeiterführung meist auch eine ordentliche Portion eigener operativer Tätigkeiten mit sich bringen, sind dafür anfällig. Agile Leadership meint nicht das Team führungslos zu machen, sondern ihm

größtmögliche Freiheit zu geben, ohne dabei den Kontakt zu den Mitarbeitern zu verlieren. Die Führungskraft setzt eindeutige Ziele, definiert den Arbeitsrahmen und gibt den Weg zum Ziel an das Team ab. Das kann noch höhere Anforderungen an Führung stellen als bisher.

3. „Change funktioniert mit der Einführung agiler Methoden quasi von selbst."
Eine naive Idealvorstellung! Die Einführung agiler Methoden kann nur der Anfang sein, quasi ein erster Schritt, weitere Steps müssen parallel erfolgen. Um den Change zur agilen Organisation erfolgreich zu managen, braucht es *neben* der Implementierung agiler Methoden einen strukturierten Veränderungsprozess. Dieser zeichnet sich besonders durch passgenaue Change-Kommunikation sowie proaktive Begleitung durch das Management aus.

4. „Nichts gesagt ist schon gelobt!"
Lob und andere positive Verstärker sind das A und O jeglicher effektiver Mitarbeiterführung – nur nichts zu kritisieren und ansonsten einfach nichts zu sagen ist zu wenig, da der Mitarbeiter dann nicht weiß, woran er ist. Selbstführung ist Trumpf, Mitarbeiter sind in der agilen Welt für ihre Arbeit stärker selbst verantwortlich. Dennoch braucht es eine Führungskraft, die Verantwortung überträgt und sich gleichzeitig als Mentor und Karriereentwickler versteht. Vereinfacht auf den Punkt gebracht: *Ohne Feedback kein Fortschritt!*

5. „Lasst uns sofort agil loslegen!"
Proaktiv, proaktiver, am proaktivsten! Nach einer 2-Tages-Schulung in agilen Methoden direkt von Null auf Hundert durchstarten – ein solcher Aktionismus bringt wenig bis gar nichts. Essenziell ist indes, das Management zu gewinnen, den Spirit zu übertragen, Betroffene zu Beteiligten zu machen, vom Kennen ins Können ins Konkrete zu kommen – und dabei kleine Schritte zu gehen.

6. „Hauptsache, wir arbeiten agil – die anderen Abteilungen müssen selbst sehen, wie sie klar kommen."
Wenn eine Abteilung agil arbeitet, sämtliche Schnittstellenabteilungen jedoch weiterhin nach klassischen Methoden vorgehen, müssen die Schnittstellen neu betrachtet und geschärft werden, um mögliche Konflikte und Unmut in den Teams zu vermeiden. Es empfiehlt sich je Team, eine Person, die beide Arbeitsweisen versteht, als Bindeglied zu benennen.

7. „Loslassen als Führungskraft? – Ok, aber ich will immer wissen, was läuft!"
„Die größte Ehre, die man einem Menschen antun kann, ist die, dass man zu ihm Vertrauen hat" (Matthias Claudius). Loslassen-Können gilt unter HR-Experten als eine der wichtigsten Attribute moderner Führung. Agile Leadership bedeutet Freiräume geben, Fantasie zulassen, Kreativität stärken … und nicht durch eine Kultur von *control and demand* Eigeninitiative und Motivation der Mitarbeiter im Keim ersticken. Achtung: Loslassen heißt nicht, jegliche Beobachtung aufzugeben, sondern Selbstverantwortung zu stärken!

8. „Unsere Teams arbeiten alle agil, für uns in der Geschäftsführung ist das aber leider nicht möglich."
„Das gute Beispiel ist nicht eine Möglichkeit, andere Menschen zu beeinflussen, es ist die einzige." (Albert Schweitzer). Wer von oben herab agile Methoden predigt, sie aber selber – aus welchen Gründen auch immer (Bequemlichkeit, Angst?) – nicht umsetzt, führt seine Vorbildfunktion ad absurdum und verhindert die erfolgreiche Umsetzung auf breiter Basis. Leadership lebt von der Signalwirkung.

9. „Agile Methoden sind nur ein Hype, der nutzt sich bald ab."
Die Digitalisierung ist da, sie geht auch nicht mehr weg, sie hat das Zeitalter der Industrialisierung abgelöst. Während in der Industrialisierung mit standardisierten Produktionsabläufen gearbeitet wurde, so zeichnet sich Digitalisierung durch eine agile Arbeitsweise aus, die unter anderem durch iteratives Vorgehen (in kleinen Schritten!), customer centricity und eine Kultur des Ausprobierens charakterisiert ist.

10. „Mit agilen Methoden erhöhen wir innerhalb kurzer Zeit die Produktivität und schaffen eine tolle neue Arbeitsatmosphäre."
Agilität ist kein Selbstläufer! Die Einführung agiler Arbeitsweisen allein macht noch keine agile Organisation. Dafür müssen Prinzipien verankert und Haltungen geändert werden. Dadurch, dass der Mitarbeiter in der agilen Arbeitswelt mehr Verantwortung übernimmt und größere Freiräume genießt, sich selbst und seine Ideen stärker einbringen kann, wirkt das positiv auf die Motivation und somit über die Gesamtstimmung auf die Produktivität. *Wichtig:* Es gibt nicht die „One-fits-all-Lösung", vielmehr muss das Gesamtpaket aus Vision, konsequenter Einführung und Kulturveränderung stimmen. Finden Sie Ihre eigenen agilen Umsetzungsmöglichkeiten und gehen Sie die ersten kleinen Schritte – viel Erfolg dabei!

The manufacturer's authorised representative in the EU is Springer Nature Customer Service Centre GmbH, Europaplatz 3, 69115 Heidelberg, Germany. If you have any concerns regarding our products, please contact ProductSafety@springernature.com

Printed and bound by CPI Group (UK) Ltd, Croydon, CR0 4YY

25/03/2026

02078194-0010